한국어능력시험(TOPIK) 3, 4급 대비 필수 문법

TOPIK

중급문법

이것이 TOPIK이다!

테마 100

전면
개정판

이것이
토픽문법
이다!!

TOPIK
중급문법

TOPIK
중급문법
테마 100 전면개정판

초판인쇄 : 2023년 4월 5일
초판발행 : 2023년 4월 10일
저　　자 : 김미숙
발 행 인 : 박 용
발 행 처 : (주)박문각출판
등　　록 : 2015. 4. 29. 제2015-000104호
주　　소 : 06654 서울시 서초구 효령로 283 서경 B/D
교재주문 : (02)3489-9400

저자와의
협의하에
인지생략

정가 14,000원
ISBN 979-11-6987-210-2

서문

이 책에는 한국어를 공부하는 학생들을 위한 필자의 마음이 담겨 있다.

한국어를 가르치면서 많은 학생들을 만났는데, 중급으로 갈수록 한국어가 점점 어려워진다는 학생들에게 어떤 도움을 줄 수 있을까 고민했다. 또한 실제로 학생들이 자주 실수를 하는 부분을 고쳐 줄 만한 방법이 없을까 하는 고민도 많이 하게 되었다. 이 책은 그런 필자의 고민에서 시작되었다.
학생들이 문법에서 많이 틀리는 부분을 알려 주고 싶은 마음에, 학생들에게 조금이라도 도움이 되고 싶은 마음에 이 책을 집필하게 된 것이다.

이 책을 준비하는 일은 2012년 초부터 본격적으로 시작하였다. TOPIK 기출 문제를 분석하여 출제된 문법의 목록을 뽑았고, 각 대학 기관(경희대, 동국대, 서강대, 서울대, 연세대, 이화여대)의 중급 교재를 분석하여 문법의 목록을 뽑았다. 그리고 두 가지에 공통적으로 많이 나오는 문법을 최종 선정하였다.

선정한 문법의 의미가 여러 가지일 경우 학생들이 알아 두면 좋을 범주로 제한하였고, 가급적 중급 수준의 문장으로 설명하려고 노력했다. 또한 필자의 다년간의 경험을 살려 학생들이 자주 틀리는 부분을 중심으로 주의할 점을 정리하였다. 예문을 쓸 때도 앞에서 배우지 않은 문법은 사용하지 않으려고 노력하였고, 한국인들이 실제로 가장 많이 쓰는 상황의 예문을 제시하려고 노력했다. 그리고 학생들에게 도움이 되기 바라는 마음에 보다 꼼꼼하고 친절하게 설명을 하려고 노력했다.

이 책이 나오기까지 많은 분들의 도움이 있었다. 특히 이 책을 검토해 주신 동국대학교 한국어교육원의 최숙진 (전)주임교수님을 비롯한 동국대학교 한국어교육원 여러 선생님들, 필자와 만나 함께 공부했던 많은 학생들, 그리고 이 책을 출간해 주신 출판사 관계자 여러분들께 깊은 감사의 말씀을 전한다.

이 책은 한국어를 공부하는 학생들을 위한 책이다. 책을 집필하기 시작할 때도, 마무리 지을 때도 그 마음 하나로 온 힘을 다했다. 이 책이 나온 지 벌써 10년의 시간이 흘렀지만 이 책에 담은 문법은 여전히 중요한 필수 표현들이다.
학생들이 TOPIK에서뿐만 아니라 한국어 문법을 정리하는 데 이 책이 많은 도움이 되었으면 한다.

2023년 3월 개정판을 준비하며

김미숙

일러두기

1. 예문

해당 문법의 의미를 먼저 생각해 볼
수 있도록 다양한 예문을 제시하였다.

★★★
간접 화법(1)

일기 예보에서 이번 주는 **쌀쌀할 거라고 했어요.**
선생님이 마이클 씨에게 숙제를 **주라고 했어요.**
면접관이 오늘 기분이 **어떠냐고 했어요.**
마이클 씨가 자기 집에 놀러 **오라고 했어요.**

TOPIK 문법 이해하기

'-(으)ㄴ/는 대로'는 중급에서 두 가지의 의미를 알고 있으면 됩니다. 의미
니까 주의해서 공부해야 합니다!

TOPIK 문법 이해하기 ❶

(가)의 의미는 시간과 관계가 있습니다.
'어떤 일이 끝나고 나서 바로 / 어떤 일이 일어난 후 바로'라는 의미

예 회의가 **끝나는 대로** 전화할게요. : 회의가 끝나면 바로 ~
고향에 **도착하는 대로** 전화하세요. : 고향에 도착하면 바로 ~

TOPIK 주의하기 ❶

1. (가)의 의미일 때는 '-는 대로' 앞에 [동사]만 사용하고 '-는 대로'의 형
   예 고향에 도착한 대로 전화할게요. (×)

2. '-는 대로' 뒤에는 주로 현재나 미래의 상황이 옵니다. 과거와 함께 쓰지
   예 수업이 끝나는 대로 전화할게요. (아직 전화하지 않았어요.) (○)
   수업이 끝나는 대로 전화했어요. (×)

그래서 '-는 대로' 뒤에는 '-겠습니다 / -(으)ㄹ게요', '-(으)ㅂ시다 / -
자주 나옵니다. 또한 중급에서는 뒤에 '가다, 전화하다, 연락하다' 등과
니다.

2. TOPIK 문법 이해하기

해당 문법의 전체적인 의미를 설명하
였다.

3. TOPIK 주의하기

학습자들이 해당 문법을 사용할 때
자주 오류를 범했던 부분을 바탕으로
같은 실수를 또 하지 않도록 주의할
점을 정리하였다.

4. 연습하기

각 테마의 학습이 끝날 때마다 그 문법에 해당하는 간단한 문제들을 학생들이 스스로 잘 이해했는지 확인할 수 있도록 하였다.

마이클: 책 좀 빌려 주세요. ⇨ 마이클 씨가 책 좀 빌려 달래요.

4. '-(으)ㅂ시다(청유문)'일 때

동사		-재요
받침 ×	가다	가재요
받침 ○	읽다	읽재요

예 마이클 씨가 식당에 **가재요.**
윤서 씨가 오늘 저녁 모임에 **가지 말재요.**

연습하기

다음 표현이 맞으면 ○, 틀리면 × 하십시오.

1. 윤서가 요즘 다이어트 하느라고 힘든대요.
2. 마이클 씨는 배가 고파서 밥을 많이 먹었대요.
3. '비'는 윤서 씨가 좋아하는 가수대요.
4. 마이클 씨는 내일 날씨가 어떤내요.

5. 확인학습

약 20개 테마의 학습이 끝날 때마다 실제 토픽 시험 유형에 맞춘 문제들을 제시함으로써 학생들에게 실질적인 도움을 줄 수 있도록 하였다.

Topik 확인학습(1)

✱ [1~3] 다음 (   ) 안에 알맞은 것을 고르십시오.

01
가 : 내일이 마이클 씨 생일인데 무엇을 준비할까요?
나 : 제가 선물을 (   ) 윤서 씨가 케이크를 준비해

① 산다고 하니까   ② 살 테니까   ③ 사는 대로

02
가 : 왜 이렇게 피곤해 보여요? 어디 아파요?
나 : 아픈 건 아닌데요. (   ) 피곤하네요.

① 봄이길래   ② 봄이었더니
③ 봄이어서 그런지   ④ 봄으로 인해서

PART 5

Part 1

. . . .

문법

Theme 1 ~ Theme 21

확인학습(1)

인용

★★★
간접 화법(1)

> 일기 예보에서 이번 주는 **쌀쌀할 거라고 했어요.**
>
> 선생님이 마이클 씨한테 숙제를 **주라고 했어요.**
>
> 면접관이 오늘 기분이 **어떠냐고 했어요.**
>
> 마이클 씨가 자기 집에 놀러 **오라고 했어요.**

 문법 이해하기

간접 화법은 다른 사람의 말이나 뉴스, 신문, 책에서 본 것을 상대방에게 전할 때 사용합니다.

또 자신이 한 말을 다시 말할 때도 사용할 수 있습니다.

토픽 시험에 자주 나오는 표현이니까 꼭 알아야 합니다!

TOPIK 주의하기

▶▶ **우선 형태를 살펴봅시다!**

1. '-아/어요(평서문)'일 때

동사		과거	현재	미래
		–았/었다고 해요	–(으)ㄴ/는다고 해요	–(으)ㄹ 거라고 해요
받침 ×	가다	갔다고 해요	간다고 해요	갈 거라고 해요
받침 ○	읽다	읽었다고 해요	읽는다고 해요	읽을 거라고 해요

형용사		과거	현재	미래(추측)
		−았/었다고 해요	−다고 해요	−(으)ㄹ 거라고 해요
받침 ×	비싸다	비쌌다고 해요	비싸다고 해요	비쌀 거라고 해요
받침 ○	좋다	좋았다고 해요	좋다고 해요	좋을 거라고 해요
명사+이다		과거	현재	미래(추측)
		이었/였다고 해요	(이)라고 해요	일 거라고 해요
받침 ×	가수이다	가수였다고 해요	가수라고 해요	가수일 거라고 해요
받침 ○	학생이다	학생이었다고 해요	학생이라고 해요	학생일 거라고 해요

예 마이클 씨는 요즘 한국어를 **공부한다고 해요**.
　마이클 씨는 요즘 회사에 일이 많아서 **바쁘다고 했어요**.
　오늘 오후부터 비가 올 **거라고 해요**.

* [명사]와 [형용사]의 미래 형태는 추측의 의미가 있습니다.
* '−다고 하다'에서 상대방의 말을 다시 전하는 경우에는 '하다'보다 '했다'로 써야 더 자연스럽습니다.
* '−다고 하다'에서 '하다' 대신 '말하다', '생각하다' 등 동사를 다르게 사용해서 표현하는 경우도 있습니다.

2. '−아/어요?(의문문)'일 때

동사		과거	현재	미래
		−았/었느냐고 해요	−느냐고 해요	−(으)ㄹ 거냐고 해요
받침 ×	가다	갔느냐고 해요	가느냐고 해요	갈 거냐고 해요
받침 ○	읽다	읽었느냐고 해요	읽느냐고 해요	읽을 거냐고 해요
형용사		과거	현재	
		−았/었느냐고 해요	−(으)냐고 해요	
받침 ×	비싸다	비쌌느냐고 해요	비싸냐고 해요	
받침 ○	좋다	좋았느냐고 해요	좋으냐고 해요	
명사+이다		과거	현재	
		이었/였느냐고 해요	(이)냐고 해요	
받침 ×	가수이다	가수였느냐고 해요	가수냐고 해요	
받침 ○	학생이다	학생이었느냐고 해요	학생이냐고 해요	

예 집에서 학교까지 **머냐고 했어요**.
　마이클 씨가 저에게 요즘 한국어를 **공부하느냐고 했어요**.
　마이클 씨는 어제 왜 전화를 안 **받았느냐고 물었어요**.

주의 뒤에 물음표(?)를 쓰지 마세요!
　예 오늘 날씨가 어떠냐고 했어요? (×)

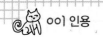 **ㅇㅇㅣ 인용**

* [동사]의 경우와 [동사], [형용사]의 과거의 경우, '-느냐고 하다'로 사용해야 하지만 가끔 '-느-'를 쓰지 않을 때도 있습니다. 특히 말할 때는 "어디 가냐고 했어요."와 같이 사용합니다. 문법에서는 잘못된 표현이지만 그렇게 사용하는 경우가 많다는 것도 알아 두면 좋겠지요?

* 불규칙 조심!

- 'ㄹ' 탈락 : [형용사] 멀다 ⇨ 머냐고 해요
              [동사] 울다 ⇨ 우느냐고 해요
- 'ㅂ' 불규칙 : 덥다 ⇨ 더우냐고 해요
               어렵다 ⇨ 어려우냐고 해요
- 'ㅎ' 불규칙 : 하얗다 ⇨ 하야냐고 해요
               어떻다 ⇨ 어떠냐고 해요
- 'ㅅ' 불규칙 : 짓다 ⇨ 지을 거냐고 해요

3. '-(으)세요(명령문)'일 때

동사		-(으)라고 해요	-지 말라고 해요
받침 ×	가다	가라고 해요	가지 말라고 해요
받침 ○	읽다	읽으라고 해요	읽지 말라고 해요

예 선생님께서 오늘까지 숙제를 해서 가지고 **오라고 하셨어요.**
부모님께서 이번 여행을 가지 **말라고 하셨어.**

* '-아/어 주세요' 일 때
   '-아/어 주라고 하다', '-아/어 달라고 하다'로 구분해서 사용하세요!

윤서 : 동생에게 우산을 갖다 주세요. ⇨ 윤서 씨가 동생에게 우산을 **갖다 주라고 했어요.**
마이클 : 돈 좀 빌려 주세요. ⇨ 마이클 씨가 돈 좀 **빌려 달라고 했어요.**

하지만 '주다'가 '줘요 / 준다'이면 '주라고 하다'로 바꿀 수 없습니다!

마이클 : 학교 앞에서 휴지를 나누어 준다.
⇨ 마이클 씨가 학교 앞에서 휴지를 나누어 주라고 했어요. (×)
》 다른 의미입니다. "학교 앞에서 휴지를 나누어 주세요."를 간접 화법으로 고친 것이 됩니다.
⇨ 마이클 씨가 학교 앞에서 휴지를 나누어 **준다고 했어요.** (○)

4. '-(으)ㅂ시다(청유문)'일 때

동사		-자고 하다	-지 말자고 해요
받침 ×	가다	가자고 해요	가지 말자고 해요
받침 ○	읽다	읽자고 해요	읽지 말자고 해요

예 마이클 씨가 이번 여름에 같이 제주도에 **가자고 했어요.**
윤서 씨가 오늘 저녁에 만나지 **말자고 했어요.**

* 조심해야 할 점이 또 있습니다.

마이클: 제 동생과 놀고 있어요.

⇨ 마이클 씨는 마이클 씨 동생과 놀고 있다고 했어요. (○)

⇨ 마이클 씨는 자기 동생과 놀고 있다고 했어요. (○)

⇨ 마이클 씨는 제 동생과 놀고 있다고 했어요. (×)

≫ '제 동생'이라고 말하면 '마이클 씨의 동생'이 아니라 '말하는 사람'의 동생이라는 의미가 있습니다. 그래서 문장에 '제, 우리'가 나오면 '말하는 사람'으로 바꿔서 생각해야 합니다.

연습하기

다음 표현이 맞으면 ○, 틀리면 × 하십시오.

1. 마이클 씨는 오늘 회의가 있어서 바쁘다고 했어요. (   )

2. 요즘 환경 문제가 심각하다고 해요. (   )

3. 어머니께서 할머니 댁에 가자고 하셨어요. (   )

4. 친구가 자기에게 돈을 빌려 주라고 했어요. (   )

인용

간접 화법(2)

윤서 씨는 요즘 **바쁘대요.**

마이클 씨는 어젯밤에 옆집 아이의 우는 소리 때문에 잠을 못 **잤대요.**

친구가 지난번에 빌려 준 책을 돌려 **달래요.**

마이클 씨가 집에 **가재요.**

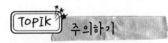

TOPIK 문법 이해하기

간접 화법은 다른 사람의 말이나 뉴스, 신문, 책에서 본 것을 상대방에게 전할 때 사용한다고 했지요?

그런데 말할 때는 주로 짧게 줄여서 표현합니다.

대화 상황에서 주로 사용하고 뉴스나 말하기 발표 같은 공식적인 상황에서는 사용하지 않습니다. 물론 글을 쓸 때도 사용하지 않습니다.

TOPIK 주의하기

▶▶ **우선 형태를 살펴봅시다!**

1. '-아/어요(평서문)'일 때

동사		과거	현재	미래
		-았/었대요	-(으)ㄴ/는대요	-(으)ㄹ 거래요
받침 ×	가다	갔대요	간대요	갈 거래요
받침 ○	읽다	읽었대요	읽는대요	읽을 거래요

형용사		과거	현재	미래(추측)
		−았/었대요	−대요	−(으)ㄹ 거래요
받침 ✕	비싸다	비쌌대요	비싸대요	비쌀 거래요
받침 ○	좋다	좋았대요	좋대요	좋을 거래요
명사+이다		과거	현재	미래(추측)
		이었/였대요	(이)래요	일 거래요
받침 ✕	가수이다	가수였대요	가수래요	가수일 거래요
받침 ○	학생이다	학생이었대요	학생이래요	학생일 거래요

예 마이클 씨가 신문을 **본대요.**
　원래 여기는 건물이 **없었대요.**

✽ '−다고 하다'는 '−대요'로 쓸 수 있습니다. '−다고 했다'는 '−댔어요'의 형태로 씁니다. 중급 시험에서는
　'−댔어요'까지 나오지 않지만 알아 두세요.

　　예 마이클 씨는 주말에 친구 집에 **간댔어요.**

2. '−아/어요?(의문문)'일 때

동사		과거	현재	미래
		−았/었느내요	−느내요	−(으)ㄹ 거내요
받침 ✕	가다	갔느내요	가느내요	갈 거내요
받침 ○	읽다	읽었느내요	읽느내요	읽을 거내요
형용사		과거	현재	
		−았/었느내요	−(으)내요	
받침 ✕	비싸다	비쌌느내요	비싸내요	
받침 ○	좋다	좋았느내요	좋으내요	
명사+이다		과거	현재	
		이었/였느내요	(이)내요	
받침 ✕	가수이다	가수였느내요	가수내요	
받침 ○	학생이다	학생이었느내요	학생이내요	

예 마이클 씨가 언제 **만나느내요.**
　윤서 씨가 오늘 날씨가 **어떠내요.**

✽ 불규칙 조심!
　•'ㄹ' 탈락 : [형용사] 멀다 ⇨ 머내요
　　　　　　　[동사] 울다 ⇨ 우느내요

- '우' 불규칙: 덥다 ⇨ 더우내요
  - 어렵다 ⇨ 어려우내요
- 'ㅎ' 불규칙: 하얗다 ⇨ 하야내요
  - 어떻다 ⇨ 어떠내요
- 'ㅅ' 불규칙: 짓다 ⇨ 지을 거내요

※ 뒤에 '물음표(?)'를 쓰지 마세요!

3. '-(으)세요(명령문)'일 때

동사		-(으)래요	-지 말래요
받침 ×	가다	가래요	가지 말래요
받침 ○	읽다	읽으래요	읽지 말래요

📖 엄마가 놀지 말고 **공부하래요.**
  엄마가 도서관에 **가래.**

※ '-아/어 주세요'일 때
윤서: 동생에게 우산을 갖다 주세요. ⇨ 윤서 씨가 동생에게 우산을 갖다 주래요.
마이클: 책 좀 빌려 주세요. ⇨ 마이클 씨가 책 좀 빌려 달래요.

4. '-(으)ㅂ시다(청유문)'일 때

동사		-재요	-지 말재요
받침 ×	가다	가재요	가지 말재요
받침 ○	읽다	읽재요	읽지 말재요

📖 마이클 씨가 식당에 **가재요.**
  윤서 씨가 오늘 저녁 모임에 **가지 말재요.**

연습하기

다음 표현이 맞으면 ○, 틀리면 × 하십시오.

1. 윤서가 요즘 다이어트 하느라고 힘든대요.   (   )

2. 마이클 씨는 배가 고파서 밥을 많이 먹었대요.   (   )

3. '비'는 윤서 씨가 좋아하는 가수대요.   (   )

4. 마이클 씨는 내일 날씨가 어떤내요.   (   )

[동사] - 곤 하다 ★★

어렸을 때는 청바지를 자주 **입곤 했는데** 요즘은 치마를 자주 입어요.

고향에 있을 때, 주말에는 친구들과 여행을 **가곤 했어요.**

심심하면 쇼핑을 자주 **하곤 해요.**

우울할 때는 그 가수의 노래를 **듣곤 해요.**

TOPIK 문법 이해하기

'-곤 하다'는 어떤 상황이나 행동이 반복적으로 나타날 때 사용합니다.
그러나 같은 상황이나 행동이 반복된다고 해도, 규칙적으로 매일 하는 일에는 사용하지 않습니다.

TOPIK 주의하기

1. [동사]와 함께 사용하지만 반복의 의미가 있어서 보통 '한 번' 하는 동사에는 사용할 수 없습니다.

   예 저는 주말에는 결혼하곤 해요. (×)
   매년 봄에는 학생들이 졸업하곤 해요. (×)
   겨울에는 토끼가 죽곤 해요. (×)

2. '-곤 하다'는 '-곤 할게요, -곤 할 거예요'처럼 미래나 의지를 말하는 표현과 같이 쓰지 않습니다.

   예 피곤하면 음악을 듣곤 할게요. (×)
   스트레스가 쌓이면 등산을 가곤 할 거예요. (×)

3. '-곤 했다'는 과거의 상황을 말할 때 사용하는데, '과거에는 습관처럼 그렇게 했지만 지금은 하지 않는다'는 의미가 있습니다.

> 예 지금 음악을 듣곤 했어요. (×)
>
> 고등학교 때는 자주 그 가수의 노래를 **듣곤 했는데** 요즘은 듣지 않아요. (○)

그래서 과거의 상황을 쓸 때 '갔곤 했다'처럼 쓰면 절대 안 됩니다.

> 예 고등학교 때는 이 식당에 자주 왔곤 했다. (×)
>
> 예전에는 그 도서관에 자주 **가곤 했다.** (○)

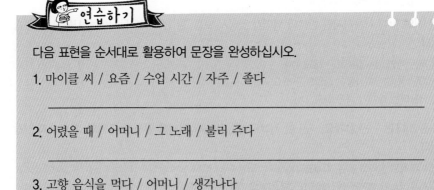

연습하기

다음 표현을 순서대로 활용하여 문장을 완성하십시오.

1. 마이클 씨 / 요즘 / 수업 시간 / 자주 / 졸다

_____

2. 어렸을 때 / 어머니 / 그 노래 / 불러 주다

_____

3. 고향 음식을 먹다 / 어머니 / 생각나다

_____

부정

★★
[동사][형용사] – 기는(요)

가 : 마이클 씨 여자 친구는 예쁘네요.
나 : **예쁘기는요.**

가 : 요리를 잘하시지요?
나 : **잘하기는요.** 라면도 잘 못 끓여요.

가 : 발표 준비를 많이 했나 봐요. 발표 내용이 좋네요.
나 : **좋기는요.** 그렇게 봐 주셔서 감사합니다.

TOPIK 문법 이해하기

'–기는요'는 상대방의 말에 '아니에요'라고 말할 때, 즉 부정할 때 사용하는 표현이지만 '절대 아니에요'가 아니라 조금 가볍게 부정하는 표현입니다.
그래서 상대방의 말과 약간 반대되는 의견을 말할 때 씁니다.

그리고 상대방이 칭찬할 때도 '아니에요'라는 뜻으로 사용할 수 있는데, 이때 '–기는요'를 사용하면 겸손하게 대답하는 느낌이 있습니다.

예 가: 오늘 정말 멋있네요.
　　나: 아니에요. **멋있기는요.**

TOPIK 주의하기

1. [동사], [형용사]에 모두 사용할 수 있습니다.
　　하지만 과거나 미래를 표현하는 '–았/었–'이나 '–겠–'과는 같이 사용하지 않습니다.
　　예 가: 윤서 씨가 정리를 잘했군요.
　　　　나: 정리를 잘했기는요. (×)
　　　　　　정리를 **잘하기는요.** (○)

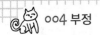

2. '-기는요'를 짧게 말할 때는 '-긴요'로 말하면 됩니다.

   예 예쁘기는요. = 예쁘긴요.

3. 주로 대화에서 사용하는 표현이니까 글에는 절대 사용하지 마세요!!

   예 예쁘기는다. (×)

4. 대화에 알맞은 말을 묻는 문제로 TOPIK 시험에 가끔 나왔습니다.
   이 표현은 '부정'의 의미가 있다는 것을 잊지 마세요!

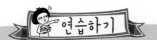 연습하기

다음 대화에 알맞은 말을 쓰십시오.

1. 가: 마이클 씨는 정말 잘생겼네요.

   나: (   ) 칭찬해 주셔서 감사합니다.

2. 가: 오늘은 손님이 많았어요?

   나: (   ) 어제보다 더 안 왔어요.

3. 가: 선생님, 아들이 정말 귀엽네요.

   나: (   ) 제 말을 잘 안 들어서 걱정이에요.

시간·목적

★★★
[동사] – 도록

01

02

(가) 마이클 씨는 어제 밤새도록 게임을 했다고 해요.
   윤서 씨가 약속 시간이 다 되도록 오지 않아서 걱정하고 있어요.
   아이가 11시가 넘도록 오지 않아서 정말 걱정되었다.

(나) 환절기니까 감기에 걸리지 않도록 따뜻하게 입으세요.
   윤서 씨는 사람들이 들을 수 있도록 큰 소리로 말했다.
   앞으로 실수하지 않도록 주의하겠습니다.

'–도록'에는 두 가지의 의미가 있습니다.

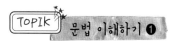
TOPIK   문법 이해하기 ❶

위의 예문 (가)에서 본 것처럼 '–도록'은 시간과 관계가 있지요?
그 시간이 될 때까지, '–(으)ㄹ 때까지'라는 의미가 있고, '그때까지 계속'한 일에 대해
쓸 수 있습니다.

예 친구가 고향에 돌아간 지 한 달이 **넘도록** 연락이 없어요.
   ≫ 친구가 고향에 돌아간 지 한 달이 넘을 때까지 계속 연락이 없다는 의미입니다.

하지만 '–(으)ㄹ 때까지'와 의미가 100% 같은 것은 아닙니다.

TOPIK   주의하기 ❶

1. 형태는 그렇게 어렵지 않습니다. [동사] 뒤에 '–다'를 안 쓰고 '–도록'을 쓰면 됩니다. 하지만
   과거의 형태는 없으니까 주의하세요!
   예 10시가 다 됐도록 마이클 씨가 안 왔다. (×)

2. 주로 시간을 말하는 표현과 같이 사용하는데 '넘다, 되다, 지나다, 끝나다' 등의 [동사]와 자
   주 사용합니다.

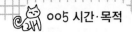

| 12시가
일주일이
한 달이
1년이
1시간이
약속 시간이
수업 시간이 | **+** | 넘도록
되도록
지나도록 |

'회의'나 '수업'은 '끝나다'와 같이 쓸 수 있습니다.
그리고 '밤늦다', '밤새다'의 동사와도 같이 쓸 수 있습니다.

3. '나이'를 말하는 표현과 같이 사용할 수도 있습니다.

예 우리 삼촌은 **40살이 넘도록** 결혼을 하지 못했다.

하지만 '나이'를 말할 때는 보통 할 수 있는 일을 못했을 때, 조금 특별한 상황일 때 씁니다.

예 마이클은 스무 살이 넘도록 결혼을 못했다. (?)
 » 결혼은 보통 20대 중반 이후에 하니까 이렇게 쓰면 어색합니다.

TOPIK 문법 이해하기 ❷

예문 (나)에서 '-도록'은 '-도록' 앞의 일을 하기 위해서라는 목적의 의미가 있습니다.
이때는 '-게'와 바꾸어 사용할 수 있는데 TOPIK에 자주 나오는 의미는 목적의 '-도록'입니다.

예 아이가 **먹을 수 있도록** 엄마는 사과를 작게 잘랐다.

TOPIK 주의하기 ❷

1. 목적의 '-도록'은 [동사]와 [형용사]에 둘 다 사용할 수 있지만 [동사]를 주로 더 많이 사용합니다. 무언가 목적이 있어야 하니까 '예쁘도록', '바쁘도록'은 잘 사용하지 않습니다. 모든 [형용사]와 같이 쓸 수 있는 것은 아니니까 중급 정도에서는 [동사]를 중심으로 기억하는 것이 좋겠습니다.

2. 목적의 '-도록'은 앞의 일을 하기 위해 뒤에 '(주어가 / 내가) 무엇을 하다', '-(으)세요' 등이 자주 옵니다. 목적의 '-도록'은 앞과 뒤의 주어가 달라도 사용할 수 있습니다.

예 선생님은 학생들이 잘 **볼 수 있도록** (선생님이) 칠판에 글씨를 크게 썼다.
 외국인 친구가 **이해할 수 있도록** 내용을 쉽게 설명하세요.

3. 목적의 '–도록'은 '–(으)ㄹ 수 있도록'의 형태로 쓰면 더 자연스럽습니다.

> 예 시험을 잘 **보도록** 열심히 공부했다.
>
> 시험을 잘 **볼 수 있도록** 열심히 공부했다.
>
> » 둘 다 문법적으로는 맞지만 두 번째 문장이 좀 더 자연스럽습니다.

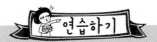 연습하기

다음 표현을 순서대로 활용하여 문장을 완성하십시오.

1. 고향에 돌아가다 / 석 달이 되다 / 연락이 없다

　＿＿＿＿＿＿＿＿＿＿＿＿＿＿＿＿＿＿＿＿＿＿

2. 한국 사람처럼 말하다 / 열심히 공부하다

　＿＿＿＿＿＿＿＿＿＿＿＿＿＿＿＿＿＿＿＿＿＿

3. 학교에 늦지 않다 / 서두르다

　＿＿＿＿＿＿＿＿＿＿＿＿＿＿＿＿＿＿＿＿＿＿

회상

006 ★★★
[동사] [형용사] – 던데

어제 같이 본 옷은 비싸던데 샀어요?

학교 앞에서 꽃을 팔던데 오늘이 무슨 날이에요?

아까 봤는데 마이클 씨는 도서관에 가던데요.

요즘 방학이라서 학교 식당이 문을 일찍 닫던데요.

TOPIK 문법 이해하기

'–던데'는 그 과거의 상황을 생각하면서 관련된 질문을 할 때, 이유를 말할 때, 반대되는 느낌을 말할 때 사용합니다.

예 이 식당은 텔레비전에 자주 **나오던데** 가 봤어요?
　　이 식당은 텔레비전에 자주 **나오던데** 저녁 때 같이 가 봅시다.
　　이 식당은 텔레비전에 자주 **나오던데** 음식은 맛이 없네요.

하지만 요즘 TOPIK 시험에는 문장의 마지막에 사용하는 '–던데요'의 형태로 자주 나오고 있습니다.

'–던데요'는 과거의 상황을 다시 생각하면서, 즉 회상하면서 말할 때 사용합니다.

예 친구 1: 마이클 씨 어디에 있어요?
　　친구 2: 아까 봤는데 도서관에 **가던데요.**

TOPIK 주의하기

1. '–던데요'는 [동사], [형용사], [명사]에 모두 사용할 수 있지만 모두 '현재'의 형태로 사용합니다.

예 밖에 비가 **오던데요.**
　　》 지금 비가 오고 있는 것을 본 후에 다른 사람에게 말할 때 사용합니다.

[명사]에는 '[명사] (이)던데요'의 형태로 사용합니다.

예 가수던데요 / 학생이던데요

2. '과거'의 형태로 사용하면 의미가 달라집니다. '과거'의 형태는 모두 이미 끝난 일에 사용합니다.

예 비가 **왔던데요**.

　》 비가 온 것을 보고 다른 사람에게 말할 때 사용합니다. 지금은 비가 오지 않는 상황입니다.

　마이클 씨는 벌써 집에 **갔던데요**.

　》 마이클 씨가 집에 간 것은 이미 완료된 상황이고, 나는 그 완료된 상황을 봤습니다.

3. '-던데요'는 과거의 경험을 이야기하지만 '나'를 주어로 말할 수 없습니다!

예 내가 도서관에 가던데요. (×)

하지만 '나'의 느낌, 감정은 말할 수 있습니다.

예 그 노래를 들으니까 기분이 **좋아지던데요**.

　그 일을 해 보니까 **정말 힘들던데요**.

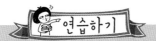 연습하기

다음 표현을 순서대로 활용하여 문장을 완성하십시오.

1. 인사동 / 가다 / 좋다

_____

2. 윤서 씨 동생 / 만나다 / 예쁘다

_____

3. 백화점 / 보통 / 월요일 / 문 / 안 열다

_____

★★

[동사][형용사]

−(으)ㄴ/는 대로

(가) 회의가 **끝나는 대로** 부장님께 보고를 드리겠습니다.

　　이메일을 **받는 대로** 연락하세요.

(나) 이 김치찌개 어때요? 어머니께서 **가르쳐 주신 대로** 만들었어요.

　　마이클 씨가 **편한 대로** 하세요.

'−(으)ㄴ/는 대로'는 중급에서 두 가지의 의미를 알고 있으면 됩니다. 의미에 따라 형태도 달라지니까 주의해서 공부해야 합니다!

TOPIK 문법 이해하기 ❶

(가)의 의미는 시간과 관계가 있습니다.
'어떤 일이 끝나고 나서 바로 / 어떤 일이 일어난 후 바로'라는 의미가 있습니다.

예 회의가 **끝나는 대로** 전화할게요. : 회의가 끝나면 바로 ∼
　　고향에 **도착하는 대로** 전화하세요. : 고향에 도착하면 바로 ∼

TOPIK 주의하기 ❶

1. (가)의 의미일 때는 '−는 대로' 앞에 [동사]만 사용하고 '−는 대로'의 형태로만 사용합니다.

   예 고향에 도착한 대로 전화할게요. (×)

2. '−는 대로' 뒤에는 주로 현재나 미래의 상황이 옵니다. 과거와 함께 쓰지 않습니다.

   예 수업이 끝나는 대로 전화할게요. (아직 전화하지 않았어요.) (○)
   　　수업이 끝나는 대로 전화했어요. (×)

그래서 '−는 대로' 뒤에는 '−겠습니다 / −(으)ㄹ게요', '−(으)ㅂ시다 / −(으)세요' 등의 형태가 자주 나옵니다. 또한 중급에서는 뒤에 '가다, 전화하다, 연락하다' 등과 같은 동사를 많이 씁니다.

3. '-는 대로' 앞에는 부정을 쓰지 않습니다.

   예 고향에 안 도착하는 대로 전화할게요. (×)

4. '-는 대로'는 '-자마자'와 바꾸어 사용할 수 있고, TOPIK 시험에도 바꾸어 쓰는 문제가 자주 나왔습니다.

   예 집에 **도착하는 대로** 전화할게요.
       = **도착하자마자**

그런데 '-는 대로'는 뒤에 과거를 사용할 수 없지만, '-자마자'는 과거, 현재, 미래를 모두 사용할 수 있습니다.

   예 수업이 **끝나는 대로** 전화할게요. (○) / 수업이 **끝나자마자** 전화할게요. (○)
     수업이 **끝나는 대로** 전화해요. (○) / 수업이 **끝나자마자** 전화해요. (○)
     수업이 끝나는 대로 전화했어요. (×) / 수업이 **끝나자마자** 전화했어요. (○)

그리고 보통 '-는 대로'의 앞과 뒤에는 주어가 같은 사람이 오거나 주어와 관계있는 일이 옵니다.

   예 (마이클 씨가) 아침에 **일어나는 대로** (마이클 씨가) 전화하세요.

또한 '-자마자'는 우연히 일어난 일에도 쓸 수 있지만 '-는 대로'는 쓸 수 없습니다.

   예 (내가) 밖에 **나오자마자** 비가 왔어요. (○)
     (내가) 밖에 나오는 대로 비가 왔어요. (×)

그래서 실제로 말할 때는 '-는 대로'보다 '-자마자'를 사용하는 경우가 더 많습니다.

 ○○7 순서

TOPIK 문법 이해하기 ❷

(나)의 의미는 시간과는 관계가 없고, '-(으)ㄴ/는 대로' 앞의 내용과 똑같이 한다는 의미가 있습니다.

예 친구가 **말한 대로** 준비했어요.
= 친구가 말한 것과 똑같이 준비했어요.

TOPIK 주의하기 ❷

1. '-(으)ㄴ/는 대로' 앞에는 [동사]와 [형용사]를 사용할 수 있습니다.

예 학교에서 **배운 대로** 하면 돼요.
마이클 씨가 **좋은 대로** 결정하세요.

하지만 [형용사]의 경우에는 사용할 수 없는 것이 있고, '좋다, 편하다, -고 싶다' 정도를 가장 많이 사용합니다.

예 윤서 씨가 **하고 싶은 대로** 하세요.

2. '-(으)ㄴ/는 대로' 앞이 [동사]일 경우 동사는 과거와 현재의 형태를 사용할 수 있습니다.

예 아버지가 **가르쳐 주신 대로** 만들었어요.
》 아버지께서 가르쳐 준 것은 이미 과거의 상황
예 아버지가 **가르쳐 주시는 대로** 만들고 있어요.
》 아버지께서 지금 가르쳐 주고 있는 상황

하지만 '배우다'와 '느끼다'의 경우 현재의 형태는 거의 사용하지 않고, '배운 대로', '느낀 대로'로 사용합니다.
그리고 '설명하다, 말하다, 생각나다, 기억나다, 보다, 시키다' 등과 같은 [동사]를 많이 사용합니다.

3. [명사]에도 사용할 수 있는데 [명사]일 때는 '[명사]대로'의 형태로 사용합니다.

예 **약속대로** 명동에서 만나요.
계획대로 주말에 여행을 갔다.

많이 사용하는 명사는 '약속, 계획, 규칙, 순서, 차례, 사진, 마음, 생각, 소문, 설명서' 등이고, 또한 '이, 그, 저'에도 사용할 수 있어서 '이대로, 그대로, 저대로'도 많이 사용합니다.

4. '-(으)ㄴ/는 대로'는 간접 화법인 '-(으)라고 하다'나 '-자고 하다'와 같이 사용하여 '-(으)라
는 대로', '-자는 대로'로 쓸 수 있습니다.

> 예 마이클 씨 : "하세요."
>> 마이클 씨가 하라고 했다. (간접 화법)
>> 마이클 씨가 하라는 대로 했어요. (마이클 씨가 하라고 말한 것과 똑같이 했다.)

> 예 언니 : "갑시다."
>> 윤서 씨가 가자고 했다. (간접 화법)
>> 윤서 씨가 가자는 대로 갔다. (윤서 씨가 가자고 말한 것과 똑같이 했다.)

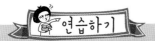 연습하기

다음 표현을 순서대로 활용하여 문장을 완성하십시오.

1. 마이클 씨 / 하다 / 따라하다

_____

2. 여행 / 돌아오다 / 전화하다

_____

3. 아침 / 일어나다 / 사고 / 보다 / 말하다

_____

★★
[동사] [형용사]
-(으)ㄹ 테니까

(가) 마이클 씨는 집에 **있을 테니까** 전화를 먼저 해 보세요.

윤서 씨도 아침을 안 **먹었을 테니까** 윤서 씨의 빵도 사 갈게요.

(나) 제가 거실을 **청소할 테니까** 윤서 씨는 방을 정리해 주세요.

제가 이메일 주소를 **알려 드릴 테니까** 그 일에 대한 정보는 이메일로
보내 주세요.

TOPIK 문법 이해하기

이 표현은 두 가지 의미가 있는데 (가)는 '추측'의 의미입니다.

'-(으)ㄹ 테니까' 앞은 추측하는 내용이 오는데, 그 추측한 것을 이유로 '-(으)ㄹ 테
니까' 뒤에 제안하는 내용을 이야기할 때 사용합니다.

예 출근 시간이라서 길이 **막힐 테니까** 지하철을 탑시다.

다른 의미인 (나)는 '-(으)ㄹ 테니까' 앞의 내용이 '의지'의 표현입니다.

예 제가 발표할 내용을 조사할 테니까 마이클 씨는 관계있는 사진을 찾으세요.

그래서 '제가' 무엇을 하겠다는 의지를 말하고 다른 사람에게 '이것'을 하라는 제안을
할 때 사용합니다.

TOPIK 주의하기

1. 보통 '-(으)ㄹ 테니까' 앞에는 [동사], [형용사]를 모두 사용할 수 있습니다.
   기본 형태는 '-(으)ㄹ 테니까' 로 쓰면 되고, 과거의 상황을 추측한다면 '-았/었을 테니까'를
   쓰면 됩니다.

   예 갈 테니까 / 갔을 테니까
   바쁠 테니까 / 바빴을 테니까

[명사]인 경우에는 '일 테니까'를, 과거인 경우에는 '-았/었을 테니까'를 쓰면 됩니다.

> 예 학생일 테니까 / 학생이었을 테니까
> 가수일 테니까 / 가수였을 테니까

2. '-(으)ㄹ 테니까'가 '추측'의 의미일 때 앞에는 추측하는 이유가 나와야 하고 '-(으)ㄹ 테니까' 뒤에는 제안하는 내용이 나와야 합니다. 그래서 '-(으)세요, -(으)ㅂ시다'를 많이 사용합니다.

> 예 시험이 **어려울 테니까** 열심히 공부하세요.
> 내일은 날씨가 **추울 테니까** 옷을 따뜻하게 입으세요.
> 지금은 길이 **막히지 않을 테니까** 택시를 타고 갑시다.

3. '-(으)ㄹ 테니까'가 '의지'의 의미일 때 앞에는 '나'만 나올 수 있고, 다른 사람이 나오면 안 됩니다. 하지만 '-(으)ㄹ 테니까' 뒤에는 다른 사람이 나올 수 있습니다.

> 예 저는 요리를 준비할 **테니까** 마이클 씨는 음악을 준비해 주세요.

4. '-(으)ㄹ 테니까 걱정이에요 / 미안해요' 등의 표현은 사용하지 않으니까 같이 쓰지 마세요.

> 예 시험이 어려울 테니까 걱정이에요. (×)

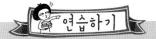

연습하기

다음 표현을 순서대로 활용하여 문장을 완성하십시오.

1. 사무실 전화번호를 알려 주다 / 사무실로 전화하다

_____

2. 내일 시험이 있다 / 오늘 미리 준비하다

_____

3. 주말에는 사람이 많다 / 표를 예매하다

_____

[동사] – 았/었/였더니

(가) (제가) 매일 열심히 **운동했더니** 건강해졌어요.

(제가) 요즘 밤늦게까지 아르바이트를 **했더니** 정말 피곤하네요.

(나) (제가) 장학금을 받았다고 **말씀드렸더니** 어머니께서 기뻐하셨어요.

(제가) 집에서 큰 소리로 노래를 **불렀더니** 옆집 아주머니께서 화를

내셨어요.

TOPIK 문법 이해하기

'–았/었더니'에는 2가지의 의미가 있습니다.

(가)는 '–았/었더니' 앞의 내용이 이유가 되어서 어떤 결과가 생겼을 때 사용합니다.

예 며칠 동안 잠을 못 **잤더니** 정말 힘들어요.

(나)는 '–았/었더니' 뒤에 새롭게 알게 된 일, 어떤 경험을 했을 때 사용합니다.

예 내가 화를 **냈더니** 동생은 울면서 방으로 들어갔다.

TOPIK 주의하기

1. [동사]에만 모두 사용할 수 있습니다. '–았/었더니' 앞의 일은 모두 이미 일어난 일이기 때문에 '–았/었더니' 뒤에는 절대 '미래'를 사용하지 않습니다!

   예 급하게 먹었더니 체할 거예요. (×)

2. '–았/었더니'는 '–더니'와 다르게 앞에서 말하는 사람이, 즉 앞 문장의 주어가 모두 '나'입니다. 다른 주어는 나올 수 없습니다.

   예 제가 급하게 **먹었더니** 체했어요. (○)

   내가 공부를 열심히 **했더니** 장학금을 받았다. (○)

   마이클 씨가 열심히 공부했더니 장학금을 받았다. (×) : 이럴 때는 '–더니'를 사용하세요.

보통 '나(말하는 사람)'에 대한 이야기니까 '나'를 말하지 않고, 생략하는 경우도 많습니다.

예 (내가) 잠을 못 **잤더니** 피곤하네요.

그래서 '-았/었더니'는 말할 때 많이 사용됩니다.

3. '-았/었더니' 뒤에는 '나'와 관계있는 주어가 옵니다.

예 술을 많이 **마셨더니** 머리가 아파요.

4. '-았/었더니' 앞의 일을 '말하는 사람'이 하고, 그 일 때문에 새롭게 알게 된 사실이나 어떤 경험을 이야기할 때 '-았/었더니' 뒤에 다른 주어가 나오는 경우가 있습니다.

예 집에 **갔더니** 할머니께서 오랜만에 와 계셨어요.
오랜만에 친구에게 **전화했더니** 친구가 반가워했다.
어제 4시 반에 은행에 **갔더니** 은행 문이 닫혀 있었어요.

5. '-았/었더니' 앞은 이미 일어난 과거의 일이고 뒤는 그 이후에 일어난 일입니다. '-았/었더니' 앞과 뒤에는 동시에 일어나는 일을 쓸 수 없습니다.

예 노래방에서 열심히 노래를 **불렀더니** 목이 아파요.
　　(이미 일어난 일)　　　　　(그 이후 / 지금)

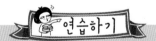
연습하기

다음 표현을 순서대로 활용하여 문장을 완성하시오.

1. 백화점에 가다 / 세일을 하고 있다

_____

2. 아침에 일찍 가다 / 아무도 없다

_____

3. 늦게까지 일을 하다 / 아침에 일어나기 힘들다

_____

★★★
[동사] – 느라고

어제 샤워하느라고 여자 친구의 전화를 못 받아서 여자 친구가 화를 냈다.

노래를 듣느라고 친구가 부르는 소리를 못 들었어요.

친구와 이야기하느라고 시간이 가는 줄도 몰랐어요.

요즘 마이클 씨는 일하느라고 바쁘다.

TOPIK 문법 이해하기

'–느라고'는 이유를 말할 때 사용하는 표현입니다. '–느라고' 앞에 말한 일 때문에 뒤에 어떤 결과가 생겼을 때 사용하는데, 앞에 말한 일 때문에 뒤에 말한 일을 못 했을 때 주로 사용합니다. 그래서 변명을 하거나 핑계를 대는 상황에서도 사용할 수 있습니다.

TOPIK 주의하기

1. '–느라고' 앞에는 언제나 동사만 사용합니다.
   '–느라고' 앞에 형용사를 쓰는 경우가 많은데 절대 안 됩니다! '있다, 없다'도 쓰지 않습니다.
   예 어제 바쁘느라고 전화를 못 받았어요. (×)

2. '–느라고' 뒤가 동사일 때에는 두 가지 일이 같은 시간에 일어나는 경우가 많습니다.
   '–느라고' 앞의 일을 했기 때문에 '–느라고' 뒤의 일은 하지 못했을 때 사용합니다.
   예 음악을 듣느라고 전화벨 소리를 못 들었다. (음악을 들은 시간 = 전화벨 소리를 못 들은 시간)
   숙제를 하느라고 잠을 못 잤다. (숙제를 하는 시간 = 잠을 못 잔 시간)

그리고 '-느라고' 뒤에는 '-(으)세요 / -(으)ㅂ시다'를 사용하지 않습니다.

예 밥을 먹느라고 집에 갑시다. (×)

3. '-느라고' 앞에 오는 동사는 '의지가 필요한 동사, 시간이 필요한 동사'가 옵니다.

예 길에서 넘어지느라고 학교에 늦었다. (×)
감기에 걸리느라고 학교에 못 왔다. (×)

위의 예문들을 보면 모두 짧은 시간에 일어나는 일이거나 의지가 필요 없는 경우입니다.
"잃어버리느라고, 늦게 일어나느라고, 잊어버리느라고" 역시 사용할 수 없습니다.

4. '-느라고' 뒤가 형용사인 경우, '바쁘다, 수고하다, 힘들다, 피곤하다' 등의 형용사가 자주 사용됩니다. 앞의 일 때문에 그런 상황이 생긴 것입니다.

예 늦게까지 **일하느라고** 수고하셨습니다.

5. '-느라고' 앞에 '안/못', '시제 표현'은 사용하지 않습니다.

예 밥을 안 먹느라고 공부를 했다. (×)
내일 학교에 가겠느라고 바쁘다. (×)

6. '-느라고' 앞과 뒤에 오는 사람은 같은 사람이어야 합니다.

예 (내가) 늦잠을 자느라고 동생이 학교에 늦었다. (×)

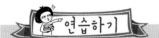
연습하기

다음 표현을 순서대로 활용하여 문장을 완성하십시오.

1. 신발을 사러 가다 / 친구의 생일 파티 / 못 가다

_____

2. 친구 / 이사하는 것을 돕다 / 전화를 못 받다

_____

3. 주말 / 밀린 빨래 / 하다 / 힘들다

_____

★★★

[동사][형용사] – 더니

(가) 윤서는 어릴 때는 어머니의 말씀을 잘 **듣더니** 요즘은 잘 안 들어요.
어제까지는 **덥더니** 오늘은 시원해졌네요.

(나) 마이클 씨는 어릴 때부터 노래를 잘 **부르더니** 결국 가수가 되었군요.
윤서 씨가 어제 저녁에 밥을 급하게 **먹더니** 체했어요. 병원에 같이
가야 해요.

(TOPIK) **문법 이해하기**

중급에서 알아야 하는 '–더니'의 의미는 2가지입니다.

(가)의 '–더니'는 앞과 뒤의 내용이 달라졌을 때 사용합니다. 그냥 달라진 것은 아니
고 조금 반대되는 내용일 때 더 자연스럽습니다.

예 윤서는 어릴 때는 **뚱뚱하더니** 지금은 날씬해졌어요.
어제는 비가 **오더니** 오늘은 날씨가 좋네요.

(나)의 '–더니'는 앞의 일 때문에 생기는 결과를 말할 때 사용합니다. 그래서 '–더니'를 '이
유'로 생각하는 경우도 있습니다.

예 윤서 씨는 남자 친구와 매일 **싸우더니** 결국 헤어졌다.
윤서 씨는 어릴 때부터 **똑똑하더니** 의사가 되었어요.

(TOPIK) **주의하기**

1. [동사], [형용사]에 모두 사용할 수 있습니다. 하지만 항상 '현재'의 모양으로만 사용합니다. '과
거'의 형태인 '–았/었더니'로 사용하면 의미가 달라집니다.

   예 마이클 씨는 많이 먹었더니 체했어요. (×)

---

2. '–더니'에서 가장 조심해야 할 점은 '나(말하는 사람)'은 거의 주어로 나오지 않는다는 것입니다. 주어는 대부분 '다른 사람'일 때 사용할 수 있습니다.

> 예 내가 밥을 많이 먹더니 체했어요. (×)
> 내가 열심히 공부하더니 장학금을 받았다. (×)

하지만 '–더니'로 문장을 말하려면 '–더니' 앞과 뒤의 일을 모두 내가 알고 있는 것이어야 합니다.

> 예 어제는 비가 오더니 오늘은 맑아요
> 》 어제 날씨와 오늘 날씨를 모두 내가 알고 있어야 합니다.

3. '–더니' 앞과 뒤에는 '다른 사람'을 주어로 문장을 만들어야 하는데 그 때 '–더니' 앞과 뒤에는 같은 사람이 오는 것이 좋습니다.

> 예 마이클 씨는 열심히 공부하더니 윤서 씨가 장학금을 받았다. (×)
> 마이클 씨는 열심히 **공부하더니** (마이클 씨가) 장학금을 받았다. (○)
> 마이클 씨는 매일 도서관에 **가더니** (마이클 씨가) 오늘은 가지 않는다. (○)

4. '–다고 하더니'처럼 간접 화법으로 쓰는 경우가 있습니다.
이때도 '다른 사람'의 이야기여야 하고 말하는 사람이 보거나 들은 내용으로 말해야 합니다.
이 표현에도 '–더니'가 포함되어 있기 때문에 '–더니'의 의미가 들어 있습니다.
하지만 이 표현은 대부분 '–다고 하더니' 앞의 다른 사람이 말한 것과 내가 들은 것을 비교할 때 사용할 수 있습니다. 들은 것과 행동이 같을 때와 다를 때로 의미를 나누어서 생각하면 조금 이해하기 쉬울 것입니다.

① 내가 들은 것과 그 사람의 행동이 같을 때

> 예 윤서 씨는 오늘 수업이 끝나고 집에 **간다고 하더니** 정말 갔어요.
> 마이클 씨는 오늘 도서관에서 **공부한다고 하더니** 정말 열심히 공부하는군요.

② 내가 들은 것과 그 사람의 행동이 다를 때

> 예 윤서 씨는 오늘 수업이 끝나고 집에 **간다고 하더니** 친구들과 놀러 갔네요.
> 마이클 씨는 오늘 도서관에서 **공부한다고 하더니** 집에 갔어요

5. '–았/었더니'와의 차이점을 느낄 수 있나요? '–았/었더니'와 '–더니'의 가장 큰 차이점은 '–았/었더니' 앞에는 '말하는 사람(나)'이 올 수 있는데 '–더니'는 없다는 것입니다.
그리고 의미도 조금 다른데 '–았/었더니'는 이유와 경험을 나타내고, '–더니'는 대조와 결과를 나타낸다는 점입니다. 문장으로 기억하세요.

> 예 (내가) 어제 술을 많이 **마셨더니** 머리가 아파요.
> **마이클 씨가** 어제 술을 많이 **마시더니** 오늘 학교에 안 왔어요.
> 어제는 날씨가 **좋더니** 오늘은 비가 오네요.

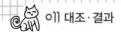

6. '–더니'에는 과거의 사실이나 상황에 이어서 다른 사실이나 상황이 일어날 때도 사용합니다. 이 의미는 고급 수준의 내용이지만 알아두면 도움이 되겠지요?

> 예 하늘이 **흐려지더니** 비가 오기 시작했다.
>
> 형이 방에 **들어오더니** 내 컴퓨터를 빌려갔다.

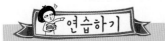 연습하기

다음 표현을 순서대로 활용하여 문장을 완성하십시오.

1. 작년 / 비 / 많이 / 오다 / 올해 / 별로 / 안 오다

_____

2. 윤서 씨 / 어릴 때 / 춤추는 것을 좋아하다 / 가수가 되다

_____

3. 마이클 씨 / 매일 아이스크림을 먹다 / 뚱뚱해지다

_____

이유

★★★
[동사] [형용사]
-기에 / -길래

사과가 **싸기에** 많이 샀어요.

극장에 갔는데 사람이 너무 **많길래** 그냥 왔어요.

아이가 양치질을 하지 않고 **자기에** 씻으라고 말했다.

친구들이 그 옷가게 옷이 예쁘다고 **하길래** 저도 가 봤어요.

TOPIK 문법 이해하기

'-기에'는 이유를 말하는 표현입니다. '-기에' 앞에 있는 이유 때문에 뒤에 말하는 사람이 어떤 행동을 하거나 어떤 결과가 생겼을 때 사용합니다.

'-기에'와 '-길래'는 비슷한 표현이고 TOPIK에서는 '-길래'로도 자주 나옵니다.
'-기에'는 글에서 많이 사용하고 '-길래'는 말할 때 많이 사용합니다.

TOPIK 주의하기

1. '-기에/-길래' 앞에는 [동사], [형용사], [명사]를 모두 사용할 수 있습니다.

   [동사][형용사] • 현재: -기에, -길래 예 가기에, 먹길래, 예쁘기에, 좋길래
   　　　　　　　 • 과거: -았/었기에, -았/었길래 예 갔기에, 먹었길래, 예뻤기에, 좋았길래

   [명사] • 현재: (이)기에, (이)길래 예 가수기에, 학생이길래
   　　　 • 과거: -았/었기에, -았/었길래 예 가수였기에, 학생이었길래

2. '-기에/-길래'는 앞의 이유 때문에 '말하는 사람(나)'이 어떻게 했는지 말할 때 사용합니다.

   예 날씨가 **덥길래** 에어컨을 틀었어요.
   　 》 날씨가 덥습니다. 그래서 제가 에어컨을 틀었습니다.
   　 방이 너무 **더럽기에** 청소를 했어요.
   　 》 방이 더럽습니다. 그래서 제가 청소를 했습니다.

3. '-기에/-길래' 뒤에는 '내'가 한 일을 많이 말하기 때문에 뒤에는 주로 과거나 현재가 옵니다. 하지만 '-기에' 뒤의 일이 먼저 계획한 일은 아닙니다.

> 예 지나가는 사람이 길을 **묻길래** 알려 주었어요.
>> 지나가는 사람이 길을 물어 봐서 알려 주었습니다. 하지만 제가 꼭 알려 주려고 계획하지 않았습니다.

4. '-기에/-길래'는 보통 앞과 뒤의 주어를 다르게 씁니다.

> 예 (나는) 오늘 친구랑 못 만났길래 (나는) 그냥 집에서 쉬었어요. (×)
> 윤서 씨가 시험을 잘 봤길래 (윤서 씨) 기분이 좋아 보여요. (×)

5. '-기에/-길래' 뒤에는 '-(으)세요, -(으)ㅂ시다, -아/어야 해요, -(으)ㄹ까요?'는 쓸 수 없습니다.

> 예 백화점에서 세일을 하기에 같이 가세요. (×)
> 내일 시험이 있길래 열심히 공부합시다. (×)
> 지난번 시험을 못 봤길래 더 열심히 공부해야 해요. (×)

6. 간접 화법과 같이 쓰는 일이 많은데, 동사의 경우 '-(으)ㄴ/는다고 하기에'는 줄여서 '-(으)ㄴ/는다기에'로 말하고 형용사의 경우 '-다고 하기에'는 줄여서 '-다기에'로 말합니다. TOPIK 시험에 이 형태로 자주 나오는데, 다른 사람에게 들은 이야기 때문에 뒤의 행동을 했을 때 사용하면 됩니다.

> 예 마이클 씨가 제주도에 **간다길래** 저도 같이 가자고 했어요.
> 오후에 회의가 **없다기에** 일찍 퇴근했어요.

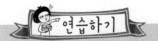 연습하기

다음 표현을 순서대로 활용하여 문장을 완성하십시오.

1. 이 과자가 맛있다 / 친구에게 주려고 사 오다

_____

2. 이 책이 재미있다 / 친구에게 추천하다

_____

3. 윤서 씨가 고향에 간다고 하다 / 올 때 선물을 사 오라고 하다

_____

이유

★★★
[명사] (으)로 인해(서)

> 그 사고는 운전자의 음주 운전으로 인해서 발생했다고 합니다.
>
> 그 일로 인해서 우리 회사는 유명해졌다.
>
> 교통사고로 인해서 3명이 다쳤다고 합니다.
>
> 태풍으로 인해서 공연이 취소되었습니다.

TOPIK 문법 이해하기

주로 이유와 원인을 말할 때 사용하는 표현입니다.

'(으)로 인해서'는 앞의 일 때문에 어떤 결과가 나왔을 때 사용하는데 대화를 할 때보다는 뉴스나 발표, 조사 등 공식적인 상황에 주로 사용합니다.

쉽지만 TOPIK에 자주 나오니까 꼭 기억하세요!

TOPIK 주의하기

1. '때문에'의 의미인 '(으)로 인해서' 앞에는 명사만 사용해야 합니다.

   [명사] (으)로 인해서

   예 스트레스로 인해서 / 그 사건으로 인해서

   '(으)로 인해서'에서 '서'는 사용하지 않아도 됩니다.

   예 스트레스로 인해 / 그 사건으로 인해

2. '(으)로 인해서' 뒤에는 '-(으)세요 / -(으)ㅂ시다'를 쓸 수 없습니다.

   예 지진으로 인해서 집을 나가세요. (×)
   갑자기 내린 비로 인해서 가지 맙시다. (×)

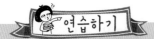 연습하기

다음 표현을 순서대로 활용하여 문장을 완성하십시오.

1. 어제 내린 눈 / 길 / 막히다

_____

2. 환경오염 / 여러 가지 문제 / 생기다

_____

3. 작은 오해 / 두 사람 / 사이가 멀어지다

_____

★★
[동사] [형용사] [명사] −거든(요)

> 가 : 어제 드라마를 **봤거든요.**
> 나 : 어땠어요?
> 가 : 정말 재미있었어요.
>
> 가 : 내일 모임에 올 거예요?
> 나 : 아니요. 요즘 회사에 일이 **많거든요.**

TOPIK 문법 이해하기

'−거든요'는 주로 대화에서 많이 사용하는 표현입니다.
이유를 설명하는데 상대방이 모르는 이유를 알려 줍니다.

예 윤서 : 마이클 씨, 스키 타 본 적 있어요?
마이클 : 아니요. 우리 나라에는 눈이 안 **오거든요.**

또한 상대방이 모르는 사실을 이야기하면서, 이야기를 시작할 때 사용할 수 있습니다.

예 윤서 : 마이클 씨, 어제 제가 영화를 보러 극장에 **갔거든요.**
마이클 : 그래요?
윤서 : 거기에서 한국의 유명한 배우를 봤어요.

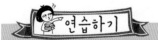 주의하기

1. '-거든요'는 [동사], [형용사], [명사]에 모두 사용할 수 있지만 말할 때만 사용합니다.

　[동사] [형용사] • 현재 : -거든요 **예** 가거든요, 좋거든요
　　　　　　　　• 과거 : -았/었거든요 **예** 갔거든요, 좋았거든요
　[명사] • 현재 : (이)거든요 **예** 학생이거든요, 가수거든요
　　　　• 과거 : 이었/였거든요 **예** 학생이었거든요, 가수였거든요

2. 글을 쓸 때는 절대 사용하면 안 됩니다!

　예 오늘 고향에 대해 이야기하거든. (×)

연습하기

다음 표현을 순서대로 활용하여 대화를 완성하십시오.

1. 가: 왜 이사하려고 해요?
　나: 집값 / 비싸다

　_____

2. 가: 마이클 씨는 노래를 잘하네요.
　나: 마이클 씨 / 예전 / 가수이다

　_____

3. 가: 어디에 가세요?
　나: 백화점 / 가다 / 세일하다

　_____

[동사] – 는 바람에

★★

갑자기 일이 **생기는 바람에** 어제 모임에 가지 못했어요.

옆에 앉은 친구가 **말을 거는 바람에** 선생님 말씀을 듣지 못했어요.

지하철이 고장 **나는 바람에** 약속 시간에 늦었다.

갑자기 사고가 **나는 바람에** 지각했다.

TOPIK 문법 이해하기

갑자기 생긴 일 때문에 안 좋은 결과가 생겼을 때 주로 이 표현을 사용합니다.
'–는 바람에' 앞에 오는 상황은 주로 갑자기 생기거나 말하는 사람의 의도와 관계없
는 경우가 많습니다. 그래서 말하는 사람은 생각하지 못했거나 원하지 않은 상황이
주로 옵니다.

TOPIK 주의하기

1. '–는 바람에' 앞에는 [동사]만 사용하세요! 그리고 형태는 반드시 '–는 바람에'로만 씁니다.
   '있다'는 같이 사용하지 않습니다. 주의하세요.
   예 버스를 잘못 탔는 바람에 지각했다. (×)
   　　버스를 잘못 탄 바람에 지각했다. (×)
   　　⇨ 버스를 잘못 **타는 바람에** 지각했다.

2. 불규칙 동사는 형태가 바뀌니까 조심하세요!
   예 밀다 : 뒤에서 **미는 바람에** 넘어졌어요.
   　　떠들다 : 친구가 **떠드는 바람에** 선생님 말씀을 듣지 못했어요.

3. '–는 바람에' 뒤에는 주로 안 좋은 결과(부정적인 결과)가 나옵니다. 그래서 좋은 결과가 생
   기는 경우에 사용하면 어색합니다.
   예 남자 친구가 꽃을 선물하는 바람에 기분이 좋았어요. (×)

4. '–는 바람에' 뒤에는 부정적인 결과가 나온다고 했습니다. 결과는 이미 생긴 것이어서 주로 과거를 씁니다.

따라서 '–(으)세요'나 '–(으)ㅂ시다'는 뒤에 올 수 없습니다.

> 예 오늘 수업에 늦는 바람에 가지 맙시다. (×)

5. 주로 말할 때 많이 사용합니다. 글을 쓸 때 사용하면 어색해지는 경우가 있으니 상황에 맞게 잘 사용하세요.

다음 표현을 순서대로 활용하여 문장을 완성하십시오.

1. 버스 / 갑자기 / 출발하다 / 버스 안 / 넘어지다

_____

2. 친구 / 놀다 / 넘어지다 / 다리를 다치다

_____

3. 갑자기 / 비가 오다 / 비를 맞다 / 옷이 젖다

_____

016

★

이유 · 확인

[동사] [형용사] [명사] – 잖아(요)

가: 윤서는 어디에 있어요?
나: 윤서는 지금 학교에 있어요. 오늘 월요일이잖아요.

가: 마이클 씨가 오늘 모임에 온대요?
나: 마이클 씨는 오늘 못 올 거예요. 요즘 바쁘잖아요.

가: 왜 이렇게 열심히 공부해요?
나: 열심히 공부해야 해요. 내일 시험을 보잖아요.

TOPIK 문법 이해하기

'–잖아요'는 주로 대화에서 사용하는 표현입니다. 말하는 사람과 듣는 사람 모두 알고 있는 사실에 대해서 말할 때 사용합니다.

상대방도 알고 있는 사실을 확인하면서 말할 때 사용하기 때문에 이유를 말해 주는 느낌도 있습니다.

TOPIK 주의하기

1. '–잖아요'는 [동사], [형용사], [명사]에 모두 사용할 수 있지만 말할 때만 사용합니다.

[동사] [형용사] ·현재 : –잖아요 예 가잖아요, 예쁘잖아요
　　　　　　　·과거 : –았/었잖아요 예 갔잖아요, 예뻤잖아요
[명사] ·현재 : (이)잖아요 예 학생이잖아요, 가수잖아요
　　　　·과거 : 이었/였잖아요 예 학생이었잖아요, 가수였잖아요

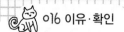

2. 글을 쓸 때는 절대 사용하면 안 됩니다!

> 예 오늘 고향에 대해 이야기하잖아요. (×)

3. '-잖아요'는 듣는 사람에게 말하는 사람의 말이 맞다는 것을 강조하는 느낌을 줄 수 있습니다.

> 예 가: 시험에 또 떨어졌어요.
> 나: 그러니까 열심히 공부하라고 **말했잖아요**.

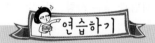

다음 표현을 순서대로 활용하여 대화를 완성하십시오.

1. 가: 마이클 씨는 노래를 잘하네요.
   나: 마이클 씨 / 예전 / 가수이다

   _____

2. 가: 버스가 편하지 않아요? 왜 지하철을 타요?
   나: 지하철 / 빠르다

   _____

3. 가: 그 가게에서 옷을 샀는데 다른 가게보다 비쌌어요. 바꿔야겠어요.
   나: 그 가게 옷 / 비싸다 / 말하다

   _____

[동사][형용사] -(으)ㄴ 나머지

> 마이클 씨는 너무 **화가 난 나머지** 밖으로 나갔다.
>
> 나는 대회에서 1등을 했다는 사실에 너무 **기쁜 나머지** 눈물이 났다.
>
> 윤서 씨는 그 소식을 듣고 **놀란 나머지** 아무 말도 하지 못했다.
>
> 윤서 씨는 면접시험을 앞두고 너무 **긴장한 나머지** 화장실을 왔다 갔다 했다.

TOPIK 문법 이해하기

'-(으)ㄴ 나머지'는 어떤 일의 결과를 말할 때 사용합니다.
'나머지'가 '어떤 일의 결과'라는 의미가 있기 때문입니다.
'-(으)ㄴ 나머지' 앞의 내용이 이유가 되어서 뒤의 결과가 생깁니다. '-(으)ㄴ 나머지' 앞에는 일의 정도가 조금 심한 내용이 이유로 나오고, 뒤에는 그래서 어쩔 수 없이 생긴 결과, 주로 부정적이거나 일반적이지 않은 결과의 느낌이 나옵니다.

TOPIK 주의하기

1. '-(으)ㄴ 나머지'는 [동사], [형용사]와 모두 같이 쓸 수 있는데 [동사]의 경우 모두 과거의 형태, '-(으)ㄴ 나머지'로 써야 합니다. 이미 일어난 일 때문에 뒤의 결과가 생겼기 때문입니다.
   예 너무 **기쁜 나머지** 울었다.
   　　너무 **당황한 나머지** 계속 실수를 했다.

2. '-(으)ㄴ 나머지' 앞과 뒤에는 같은 사람이 오는 경우가 많고, 관계있는 것이 나와야 합니다.
   예 너무 **놀란 나머지** 머리가 아프다.
   　》 놀란 사람도 '나', 머리가 아픈 사람도 '나'입니다.
   　시험 문제가 너무 어려운 나머지 학생들이 모두 풀 수 없었다. (×)

3. '-(으)ㄴ 나머지' 뒤에는 '-(으)세요, -(으)ㅂ시다'를 쓸 수 없으니 주의하세요!

> 예 너무 좋은 나머지 같이 갑시다. (×)

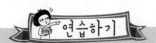

다음 표현을 순서대로 활용하여 문장을 완성하십시오.

1. 합격 소식에 너무 기쁘다 / 울다

_____

2. 사장님 앞이라서 너무 긴장하다 / 실수를 계속하다

_____

3. 긴 유학 생활이 너무 힘들다 / 눈물이 나다

_____

018

이유

[동사] – (으)ㄴ/는 덕분에

친구가 **알려 준 덕분에** 길을 잘 찾았어요.

선생님께서 **가르쳐 주신 덕분에** 진급할 수 있었어요.

윤서 씨가 **도와준 덕분에** 일이 잘 해결되었어요.

친구 덕분에 유학 생활에 잘 적응할 수 있었어요.

TOPIK **문법 이해하기**

'–(으)ㄴ/는 덕분에'는 앞의 내용이 이유이고 그 이유 때문에 뒤에 좋은 결과가 나타 났을 때 사용합니다.

'덕분'은 '도움, 은혜'라는 뜻이 있어서 긍정적인 결과가 생긴 경우에 사용합니다.

TOPIK **주의하기**

1. '–(으)ㄴ/는 덕분에' 앞에는 [동사]만 옵니다. [형용사]를 쓰지 마세요!

   예 윤서 씨가 바쁜 덕분에 일이 잘 해결되었어요. (×)

   '–(으)ㄴ/는 덕분에'는 앞의 일 때문에 좋은 결과가 생긴 것이니까 뒤에는 주로 과거를 써야 합니다.

   예 마이클 씨가 **말해 준 덕분에** 과제를 잊지 않고 했어요.

   그리고 주로 '–아/어 주다'와 함께 쓰는 경우가 많습니다.

2. '–(으)ㄴ/는 덕분에'는 앞의 상황도 대부분 과거가 옵니다. 하지만 지금까지 계속 일어나는 일에도 '–는 덕분에'를 사용할 수 있습니다.

   예 팬 여러분들께서 언제나 **응원해 주시는 덕분에** 이번 대회에서 1등을 할 수 있었습니다.

   그래도 대부분 과거의 상황을 생각하고 과거 문장으로 만드세요.

3. '명사'를 사용하는 경우에는 '덕분에'만 쓰면 됩니다.

　　 예 **선배 덕분에** 입학 서류를 잘 준비했어요.

4. '-(으)ㄴ/는 덕분에' 뒤에는 꼭 좋은 '결과'가 나와야 합니다. 그래서 뒤에 '-(으)세요, -(으)ㅂ시다'는 쓸 수 없습니다.

　　 예 선생님께서 도와주신 덕분에 감사합니다. (×)
　　　　선생님께서 도와주신 덕분에 일을 해결하세요! (×)

5. '-(으)ㄴ/는 덕분이다'의 형태로도 사용할 수 있습니다.

　　 예 제가 성공한 것은 모두 선배님께서 **도와주신 덕분입니다.**

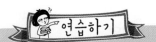

다음 표현을 순서대로 활용하여 문장을 완성하십시오.

1. 선배 / 도와주다 / 잃어버리다 / 지갑 / 찾다

　　_____

2. 많은 분들 / 신경 쓰다 / 행사 / 잘 / 끝나다

　　_____

3. 친구 / 알리다 / 좋다 / 집 / 구하다

　　_____

이유

[동사] [형용사]
-(으)ㄴ/는 탓에

날씨가 갑자기 추워진 **탓에** 공원에 사람들이 별로 없다.

술을 많이 마신 **탓에** 말실수를 해서 친구와 싸웠다.

윤서 씨는 급한 성격 **탓에** 실수를 자주 한다.

아버지는 매일 늦게 들어오는 **탓에** 아이들 얼굴도 제대로 못 본다.

TOPIK 문법 이해하기

'-(으)ㄴ/는 탓에'는 앞의 내용 때문에 어떤 결과가 생겼을 때 사용합니다.
'탓'이라는 명사는 '부정적인 일이 생긴 원인'을 의미하기 때문에, 이 표현은 안 좋은 결과
가 생겼을 때 사용합니다.

TOPIK 주의하기

1. **앞에 [동사], [형용사], [명사]를 모두 사용할 수 있습니다.**

   [동사] 현재 : -는 탓에

   예 매일 아르바이트를 **하는 탓에** 시간이 너무 부족하다.

   [동사] 과거 : -(으)ㄴ 탓에

   예 어제 그곳에 **간 탓에** 숙제를 다 하지 못했다.

   [형용사] : -(으)ㄴ 탓에

   예 문제가 너무 **어려운 탓에** 다 풀지 못했다.

   [명사] : 탓에

   예 더운 **날씨 탓에** 음식이 금방 상한다.

   [명사] 이다 : 인 탓에

   예 아직 어린 **아이인 탓에** 부모님의 마음을 이해하지 못할 때가 있다.

* 불규칙의 경우 조심해야 합니다.
  - 'ㄹ' 탈락: 멀다 ⇨ 먼 탓에
    살다 ⇨ 사는 탓에
  - 'ㅂ' 불규칙: 덥다 ⇨ 더운 탓에
  - 'ㅎ' 불규칙: 하얗다 ⇨ 하얀 탓에

2. '탓이다, 탓으로'의 형태로 나올 때도 있습니다. 모두 앞에는 이유, 뒤에는 안 좋은 결과를 말할 때 씁니다.

   예 내가 시험을 못 본 것은 모두 **친구 탓이다.**
   마이클 씨는 게으른 **성격 탓으로** 사람들에게 인정을 받지 못할 때가 있다.

3. '-(으)ㄴ/는 탓에' 뒤에는 안 좋은 결과가 와야 하니까 뒤에 '-(으)세요, -(으)ㅂ시다'를 쓰지 마세요.

   예 눈이 많이 온 탓에 학교에 가지 마세요. (×)

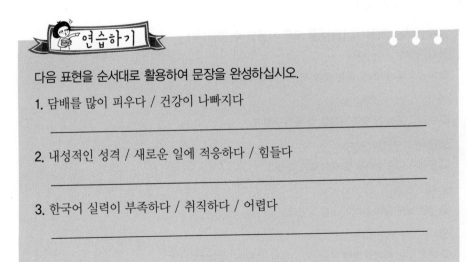

연습하기

다음 표현을 순서대로 활용하여 문장을 완성하십시오.

1. 담배를 많이 피우다 / 건강이 나빠지다

   _____

2. 내성적인 성격 / 새로운 일에 적응하다 / 힘들다

   _____

3. 한국어 실력이 부족하다 / 취직하다 / 어렵다

   _____

이유

[동사] [형용사]
– 아/어/여서 그런지

물가가 많이 올라서 그런지 쇼핑하는 사람이 많이 줄었네요.

날씨가 **추워서 그런지** 아이들이 밖에서 놀지 않네요.

아이들이 모두 **없어서 그런지** 집안이 텅 빈 것 같아요.

봄이어서 그런지 피곤하고 자꾸 잠이 와요.

TOPIK 문법 이해하기

'–아/어서 그런지'는 이유를 말할 때 사용하는 표현입니다. 앞에는 이유가 나오고 뒤에는 결과가 나오는데, 그 이유는 확실하고 정확한 것이 아니라 말하는 사람의 생각, 추측으로 말하는 것입니다.

TOPIK 주의하기

1. 앞에 [동사], [형용사], [명사]를 모두 사용할 수 있습니다.

예 멀다 ⇨ 멀어서 그런지
좋다 ⇨ 좋아서 그런지
가다 ⇨ 가서 그런지
공부하다 ⇨ 공부해서 그런지

[명사]의 경우에는 '이어서/여서 그런지'를 쓰거나 '(이)라서 그런지'를 써도 됩니다.

예 여름이어서 그런지, 여름이라서 그런지
가수여서 그런지, 가수라서 그런지

2. 확실하지 않은 이유를 말할 때 사용합니다. 그래서 확실한 이유가 있을 때는 이 표현을 사용할 수 없습니다.

> 예 내일 시험이 있어서 그런지 공부해요. (×)
>
> 저는 오늘 배가 아파서 그런지 병원에 가요. (×)
>
> 길이 막혀서 그런지 오늘 지하철로 학교에 갔어요. (×)

3. '–아/어서 그런지' 뒤에는 '–(으)세요, –(으)ㅂ시다'를 쓸 수 없습니다.

> 예 날씨가 추워서 그런지 따뜻한 옷을 입으세요. (×)

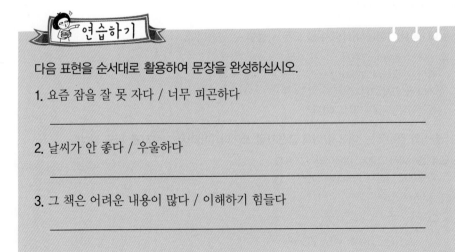

연습하기

다음 표현을 순서대로 활용하여 문장을 완성하십시오.

1. 요즘 잠을 잘 못 자다 / 너무 피곤하다

_____

2. 날씨가 안 좋다 / 우울하다

_____

3. 그 책은 어려운 내용이 많다 / 이해하기 힘들다

_____

이유

[동사] [형용사]
–아/어/여 가지고

아침에 밥을 못 먹어 가지고 배가 고프다.

어제 게임을 많이 해 가지고 잠을 못 잤다.

아직 고등학생이어 가지고 그 영화를 볼 수 없어요.

시험공부를 안 해 가지고 시험을 잘 못 봤다.

TOPIK 문법 이해하기

이유의 표현이라고 하면 '–아/어서'가 가장 먼저 떠오르지요?
이 표현은 '–아/어서'와 의미와 거의 같습니다.

'–아/어 가지고'는 앞에는 원인이 나오고, 뒤에는 그 결과가 나옵니다.
단, 구어적인 느낌이 강해서 말할 때 많이 사용합니다.

TOPIK 주의하기

1. [동사], [형용사], [명사]에 모두 사용할 수 있습니다.
   앞에 [명사]가 오는 경우에는 '이어/여 가지고'를 쓰면 됩니다.
   예 **숙제여 가지고** 빨리 해야 해요.

2. '–아/어 갖고'의 형태로 사용 가능합니다.
   예 가방이 **작아 갖고** 책이 다 안 들어가요.

3. '–아/어서'처럼 명령문이나 청유문과 같이 사용하지 않습니다.
   예 옷이 작아 가지고 바꾸러 갑시다. (×)

4. 주로 말할 때 많이 사용하니까 글을 쓸 때는 사용하지 않는 것이 좋습니다.

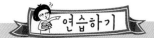 연습하기

다음 표현을 순서대로 활용하여 문장을 완성하십시오.

1. 사과 / 싸다 / 많이 / 사다

_____

2. 공부 / 못 하다 / 시험 / 잘 못 보다

_____

3. 전화번호 / 모르다 / 미리 / 연락 / 못하다

_____

Topik 확인학습(1)

✳ [1~3] 다음 (   ) 안에 알맞은 것을 고르십시오.

01

가 : 내일이 마이클 씨 생일인데 무엇을 준비할까요?

나 : 제가 선물을 (   ) 윤서 씨는 케이크를 준비해 주세요.

① 산다고 하니까   ② 살 테니까   ③ 사는 대로   ④ 사느라고

02

가 : 왜 이렇게 피곤해 보여요? 어디 아파요?

나 : 아픈 건 아닌데요. (   ) 피곤하네요.

① 봄이길래   ② 봄이었더니

③ 봄이어서 그런지   ④ 봄으로 인해서

03

가 : 한국어 실력이 많이 늘었네요.

나 : (   ). 아직 더 연습해야 해요.

① 늘거든요   ② 늘기는요

③ 늘었잖아요   ④ 늘곤 했어요

✳ [4~6] 다음 밑줄 친 부분이 틀린 것을 고르십시오.

04   ① 윤서 씨가 공부하기 <u>힘드냐고</u> 했어요.

② 윤서 씨가 내일 부산에 <u>갈 거라고</u> 했어요.

③ 윤서 씨가 이번 주말 날씨는 <u>어때냐고</u> 했어요.

④ 윤서 씨가 한국어 말하기 시험이 <u>어려우냐고</u> 했어요.

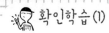

05 ① 마이클 씨가 같이 <u>공부하자고</u> 했다.

② 마이클 씨가 담배를 <u>피우지 말라고</u> 했다.

③ 마이클 씨가 주말에 어디에 <u>갈 거냐고</u> 했다.

④ 마이클 씨가 오늘은 일이 많아서 <u>바쁜다고</u> 했다.

06 ① <u>바쁘느라고</u> 전화를 못 받았어요.

② 문제가 <u>어렵던데</u> 학생들이 잘 푸네요.

③ 윤서 씨는 아까 밥을 급하게 <u>먹더니</u> 체했어요.

④ 윤서 씨가 그 책이 꼭 <u>필요하다기에</u> 사 왔어요.

✳ [7~8] 다음 밑줄 친 부분과 바꾸어 쓸 수 있는 것을 고르십시오.

07

> 가 : 이번 사고의 원인은 무엇입니까?
> 나 : 네. 이번 사고는 운전자의 <u>졸음운전으로 인해서</u> 발생했다고 합니다.

① 졸음운전 덕분에   ② 졸음운전이라서

③ 졸음운전이니까   ④ 졸음운전 때문에

08

> 가 : 어떻게 하다가 다친 거예요?
> 나 : 계단에서 뛰다가 <u>넘어지는 바람에</u> 다쳤어요.

① 넘어져서   ② 넘어지고

③ 넘어지더니   ④ 넘어지기에

✱ [9~10] 다음 빈칸에 가장 알맞은 것을 고르십시오.

09

> 가 : 한국에 가면 바로 전화해.
> 나 : 네. _____ 전화 드릴게요.

① 도착했더니   ② 도착하는 대로

③ 도착할 테니까   ④ 도착해서 그런지

10

> 가 : 마이클 씨, 또 지각이네요. 앞으로 한 번만 더 지각하면…….
> 나 : 죄송합니다. _____

① 지각하느라고 왔어요.

② 밥을 먹더니 지각했어요.

③ 늦던데 일찍 오겠습니다.

④ 늦지 않도록 주의하겠습니다.

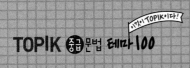

Part 2

· · · · · · · · · · · ·

문법

Theme 22 ~ Theme 41

확인학습(2)

022 피동사 ★★★

> 드디어 도둑이 경찰에게 **잡혔어요.**
>
> 어디에선가 음악 소리가 **들린다.**
>
> 문이 **잠겨서** 들어갈 수 없다.
>
> 남산에 올라가면 서울 시내가 거의 다 **보인다.**

TOPIK 문법 이해하기

대상이 직접 한 일이 아니라 다른 사람이나 다른 상황 때문에 일이 생길 때, 그 일 때문에 영향을 받을 때 피동 표현을 사용합니다.

예 도둑이 경찰에게 잡혔다.

   》 '도둑은 아마 잡히고 싶지 않았을 것입니다. '경찰 때문에, 경찰에 의해서' 생기는 일입니다.

TOPIK 주의하기

피동 표현을 만드는 방법도 여러 가지가 있지만 우선 '피동사'를 외워야 합니다.
'피동사'는 동사에 '-이-, -히-, -리-, -기-'가 붙어서 형태가 바뀌고 문장에서도 서로 다르게 사용됩니다.

▶▶ 우선 자주 나오는 피동사를 살펴봅시다.

동사	피동사			예
	(-이-)	-아/어요	글을 쓸 때	
보다	**보이다**	보여요	보인다	창밖으로 바다가 **보인다.**
놓다	**놓이다**	놓여요	놓인다	책상 위에 컵이 **놓여** 있어요.

바꾸다	**바뀌다**	바뀌어요	바뀐다	마이클 씨와 윤서 씨의 자리가 **바뀌었어요**.
쓰다	**쓰이다**	쓰여요	쓰인다	칠판에 내 이름이 **쓰여** 있다.
잠그다	**잠기다**	잠겨요	잠근다	문이 **잠기지** 않는다.

※ '바뀌다, 잠기다'는 형태를 조심하세요!

동사	피동사			예
	(-히-)	-아/어요	글을 쓸 때	
닫다	**닫히다**	닫혀요	닫힌다	문이 **닫혀** 있어서 들어갈 수 없다.
먹다	**먹히다**	먹혀요	먹힌다	짜게 먹어서 그런지 물이 많이 **먹힌다**.
막다	**막히다**	막혀요	막힌다	교통사고 때문에 길이 많이 **막힌다**.
밟다	**밟히다**	밟혀요	밟힌다	지하철에서 어떤 사람에게 발이 **밟혔다**.
읽다	**읽히다**	읽혀요	읽힌다	요즘 이 책이 대학생들에게 많이 **읽힌다고** 한다.
잡다	**잡히다**	잡혀요	잡힌다	어제 사고를 내고 도망간 범인이 **잡혔다고** 한다.

동사	피동사			예
	(-리-)	-아/어요	글을 쓸 때	
듣다	**들리다**	들려요	들린다	교실 밖이 시끄러워서 선생님의 말이 잘 안 **들린다**.
열다	**열리다**	열려요	열린다	창문이 고장나서 잘 **열리지** 않는다.
팔다	**팔리다**	팔려요	팔린다	여름이니까 수박이 잘 **팔려요**.
걸다	**걸리다**	걸려요	걸린다	벽에 **걸려** 있는 그림은 누가 그린 거예요?
풀다	**풀리다**	풀려요	풀린다	스트레스를 받을 때 노래를 부르면 스트레스가 다 **풀린다**.

동사	피동사			예
	(-기-)	-아/어요	글을 쓸 때	
끊다	**끊기다**	끊겨요	끊긴다	배터리가 없어서 전화가 **끊겼다**.
쫓다	**쫓기다**	쫓겨요	쫓긴다	경찰에게 **쫓기고** 있는 사람이 누구예요?
안다	**안기다**	안겨요	안긴다	아기는 엄마에게 **안겨서** 잠이 들었다.
찢다	**찢기다**	찢겨요	찢긴다	종이가 **찢겼다**.

▶▶ **문장으로 살펴봅시다.**

① 주어＋피동사

예 마이클 씨가 전화를 끊어요. ⇨ (엘리베이터 안이라서) 전화가 끊겨요.

》 마이클 씨가 직접 끊은 것이 아닙니다.

》 피동으로 바꾸면 누가 했는지 굳이 말하지 않습니다. '보이다, 바뀌다, 잠기다, 닫히다, 막히다, 열리다, 들리다, 끊기다, 풀리다' 등의 피동사는 주로 이런 형태로 씁니다.

② 주어＋[명사]에게＋피동사

예 경찰이 도둑을 잡아요. ⇨ 도둑이 경찰에게 잡혀요.

》 '안기다, 쫓기다, 읽히다, 먹히다, 잡히다' 등의 피동사는 주로 이런 형태로 씁니다.

③ 주어＋[명사]에＋피동사

예 (내가) 컵을 탁자 위에 놓아요. ⇨ 컵이 탁자 위에 놓여요.

》 '놓이다, 쓰이다, 걸리다' 등의 피동사는 주로 이런 형태로 씁니다.

1. 피동사는 당연히 외워야 합니다! 외울 때 '이/가 [피동사]'로 외우세요.

2. '읽히다 / 보이다'는 사동과 피동의 형태가 같으니까 문장에서 의미를 구분해야 합니다.

   읽히다

   [사동] 선생님이 학생들에게 책을 **읽혀요**.

   [피동] 그 책이 많은 사람들에게 **읽히는** 베스트셀러가 되었어요.

   보이다

   [사동] 친구에게 결혼식 사진을 **보여** 주었어요.

   [피동] 저쪽에 **보이는** 건물이 도서관이에요.

   '사동'은 '-아/어 주다'와 같이 사용할 수 있지만 '피동'은 그렇지 않습니다.

   그래서 사동과 피동의 형태가 같은 경우에 '-아/어 주다'를 붙여 보세요.

3. '피동'은 '-아/어 있다'와 같이 사용하는 경우가 많습니다. 하지만 모두 다 사용할 수 있는 것은 아닙니다.

   '안기다, 걸리다, 놓이다, 열리다, 닫히다, 잠기다' 등의 피동사는 주로 '-아/어 있다'와 같이 사용해서 그 상태가 계속되는 것을 표현합니다.

   예 엄마에게 **안겨 있는** 아기가 정말 귀엽다.

   벽에 시계가 **걸려 있다**.

연습하기

다음 표현이 맞으면 ○, 틀리면 × 하십시오.

1. 우리 교실에서 기숙사가 보여 준다.   (   )

2. 책상 위에 가족사진이 놓여 있다.   (   )

3. 어머니의 화가 좀 풀린 것 같다.   (   )

4. 오후 5시에는 은행 문이 닫는다.   (   )

02

03

피동(2)

★★★
[동사] – 아/어/여지다

약속 장소가 **정해지면** 알려 주세요.

이곳에 오면 어머니의 사랑이 **느껴진다.**

이번에 정한 규칙은 꼭 **지켜져야 해요.**

설거지를 하다가 접시를 떨어뜨려서 접시가 **깨졌다.**

TOPIK 문법 이해하기

다른 사람, 다른 상황 때문에 생기는 일. 그 일 때문에 영향을 받을 때 피동 표현을 사용한다고 했습니다.

[동사] 뒤에 '–아/어지다'를 붙여서 피동 표현을 만들 수 있는데, 대상이 직접 한 일이 아니라 상황이 그렇게 되거나 저절로 일어난 일에도 사용할 수 있습니다.

TOPIK 주의하기

'–아/어지다'는 '피동사'보다 더 많은 [동사]와 함께 사용할 수 있습니다.

동사	피동사	예
만들다	만들어지다	이 소설이 영화로 **만들어진다고** 합니다.
이루다	이루어지다	열심히 노력하면 꿈은 **이루어질** 거예요.
그리다	그려지다	행복한 가족의 모습이 **그려진** 아름다운 그림이다.
짓다	지어지다	이 건물이 **지어진** 것은 2008년입니다.
끊다	끊어지다	갑자기 전화가 **끊어져서** 놀랐어요.
끄다	꺼지다	전기가 나가서 불이 **꺼졌다.**

켜다	켜지다	방에 불이 안 **켜지는데** 왜 그런지 알아요?
쏟다	쏟아지다	갑자기 2층에서 물이 **쏟아졌어요.**
찢다	찢어지다	요즘은 **찢어진** 청바지를 입는 사람이 별로 없다.
지우다	지워지다	그 사람의 이름이 **지워졌다.**

02
03

▶▶ 문장으로 살펴봅시다.

- 글씨를 써요. ⇨ 글씨가 잘 **써져요.**
- 마이클 씨가 전화를 끊어요. ⇨ 전화가 **끊어져요.**
- 마이클 씨가 약속을 깼어요. ⇨ 마이클 씨 때문에 약속이 **깨졌어요.**

꼭! 기억하기

1. 피동 표현이니까 '이/가 [동사]-아/어지다'로 외우세요.
2. 변화를 말할 때 쓰는 '[형용사]-아/어지다'와 다른 표현이니까 주의해야 합니다!

   예 오랜만에 만난 내 친구, 윤서 씨는 예전에 비해 많이 **예뻐졌다.**
   12월이 되니까 날씨가 **추워진다.**
   마이클 씨는 운동을 열심히 해서 **건강해졌다.**

   피동 표현은 [동사] 뒤에서만 사용합니다!
3. '피동 표현'은 '-아/어 있다'와 같이 사용하는 경우가 많습니다.

   예 집에 오니 창문이 **깨져 있었다.** (깨다 + -아/어지다 + -아/어 있다)

연습하기

다음 표현이 맞으면 ○, 틀리면 × 하십시오.

1. 여기에 버려진 책은 누구 것일까?　　　　　　　　(　)
2. 대학교 합격자 발표 날이 기다려진다.　　　　　　(　)
3. 남자 친구가 준 편지가 물에 젖는 바람에 찢어서 속상하다.　(　)
4. 집에서 나가기 전에 불이 다 꺼져 있는지 확인해요.　(　)

71

★★★

[동사] [형용사]
–(으)ㄹ 리가 없다/있다

눈이 온다고요? 여름에 눈이 올 리가 있어요?

마이클 씨는 공부를 열심히 안 하는데 1등을 할 리가 없어요.

마이클 씨와 마리아 씨는 만나면 싸우는데 두 사람이 사귈 리가 없어요.

마이클 씨가 집에 있을 리가 없어요. 마이클 씨는 주말마다 아르바이트를 하니까요.

TOPIK 문법 이해하기

'–(으)ㄹ 리가 없다'는 TOPIK에서 아주 자주 나오는 표현인데 '그럴 가능성이 거의 없다'는 의미가 있습니다.

하지만 그 말을 할 때는 그렇게 생각하게 된 그동안의 어떤 사실이나 이유가 필요합니다.

📄 마이클 씨는 요즘 아프다고 했는데 어제 술을 **마셨을 리가 없어요.**
  윤서 씨는 약속을 잘 지키는데 이렇게 **늦을 리가 없어요.**

TOPIK 주의하기

1. '–(으)ㄹ 리가 없다'는 동사, 형용사에 모두 사용할 수 있습니다.
  '–(으)ㄹ 리가 없다'의 과거 표현은 '–았/었을 리가 없다'입니다.

  📄 마이클 씨가 바쁘다고 했는데 어제 파티에 **갔을 리가 없어요.**
    윤서 씨는 어제 일찍 잤다고 했는데 그 책을 다 **읽었을 리가 없어요.**

2. **명사인 경우에는 '일 리가 없다'로 쓰세요.**

  📄 그 사람이 치마를 입은 걸 보니 **남자일 리가 없네요.**

3. '-(으)ㄹ 리가 있다'는 '있어요?'로만 사용해야 합니다! 의미는 '-(으)ㄹ 리가 없다'와 같습니다!

> 📋 음식을 많이 준비했는데 음식이 부족할 리가 있어요. (×)
>
> 윤서 씨가 약속 장소를 정했는데 약속을 **잊어버릴 리가 있어요?** (○)

'-(으)ㄹ 리가 있어요?'는 의문문의 형태이니까 말할 때는 뒤를 올려서 말해야 합니다.

연습하기

다음 표현을 순서대로 활용하여 문장을 완성하십시오.

1. 대학교 / 떨어지다 / 기분 / 좋다

   _____

2. 열심히 공부하다 / 대학교 / 합격하지 못했다

   _____

3. 그 사람 / 착하다 / 거짓말 / 하다

   _____

가정

★★
[동사] [형용사]
– 았/었/였더라면

이번 동아리 여행에 **갔더라면** 친구들과 더 친해질 수 있었을 거예요.

우산을 가지고 **나왔더라면** 비를 맞지 않았을 텐데.

마이클 씨가 **연락해 주지 않았더라면** 약속을 잊어버릴 뻔했어요.

너를 **만나지 못했더라면** 한국 생활이 더 힘들었을 거야.

TOPIK 문법 이해하기

'–았/었더라면'은 이미 일어난 일, 과거의 상황을 '만약에'라고 다시 가정해 볼 때 사용하는 표현인데, 2가지의 느낌을 표현할 수 있습니다.

우선 후회하는 느낌과 아쉬워하는 느낌을 표현할 수 있습니다.

예 일찍 **출발했더라면** 늦지 않았을 텐데.
 》 일찍 출발하지 않아서 늦었습니다. 늦은 것을 후회하는 느낌이 있습니다.

예 날씨가 **좋았더라면** 제주도에 갔을 텐데.
 》 날씨가 좋지 않아서 제주도에 못 갔습니다. 그래서 아쉬워합니다.

그리고 다행이라고 생각할 때 '–았/었더라면'을 사용할 수 있습니다.

예 윤서 씨가 **깨워 주지 않았더라면** 회사에 늦을 뻔했어요.
 》 윤서 씨가 깨워 주어서 다행히 회사에 늦지 않았습니다.

02

03

1. 우선 형태를 볼까요? [동사], [형용사], [명사]와 사용할 수 있습니다. 하지만 모두 항상 '과거'의 모양으로만 사용합니다. 이미 일어난 일에 대해 생각해 보는 의미가 있으니까요. [명사]의 경우에는 '이었/였더라면'을 사용하면 됩니다.

> 예 열심히 **공부했더라면** 시험에 떨어지지 않았을 텐데.
> 거기에 **갔더라면** 큰 날 뻔했어요.

2. 후회하는 느낌을 말할 때는 '-았/었더라면' 뒤에 '-았/었을 거예요, -았/었을 텐데'를 자주 사용합니다.

> 예 좀 더 **참았더라면** 싸우지 않았을 텐데.

3. 다행이라고 생각하는 경우에는 '-았/었더라면' 뒤에 '-았/었을 거예요, -(으)ㄹ 뻔했어요'를 자주 사용합니다.

> 예 표를 미리 **예매하지 않았더라면** 영화를 못 볼 뻔했어요.

4. '-았/었더라면'은 이미 일어난 일에 대해 가정할 때 사용하니까 일어나지 않은 일에는 사용할 수 없습니다.

> 예 만약 윤서 씨가 그 자장면을 먹었더라면 큰일이에요. (×)

다음 표현을 순서대로 활용하여 문장을 완성하십시오.

1. 일찍 출발하다 / 비행기를 타다

_____

2. 공지 사항을 미리 듣다 / 실수하지 않다

_____

3. 마이클 씨가 도와주지 않다 / 그 일을 끝내지 못하다

_____

o26

★★★

[동사] (으)ㄹ 뻔하다

어제 집 앞에서 사고가 날 **뻔했어요**.

조금 늦었으면 마이클 씨를 못 만날 **뻔했네요**.

늦게 일어나서 학교에 지각할 **뻔했어요**.

어제 뛰어가다가 계단에서 넘어질 **뻔했어요**.

TOPIK 문법 이해하기

'(으)ㄹ 뻔하다'는 '(으)ㄹ 뻔했다'의 형태로 사용하는데, 주로 그렇게 될 것 같았지만 실제는 일이 일어나지 않았을 때 사용합니다.

TOPIK 주의하기

1. '(으)ㄹ 뻔하다'는 주로 동사 뒤에서 사용하는데 형태는 '(으)ㄹ 뻔해요'가 아니라 모두 '(으)ㄹ 뻔했다'만 사용합니다. 그리고 '(으)ㄹ 뻔한 적이 있다, (으)ㄹ 뻔한 모양이다'처럼 다른 표현과 같이 사용할 수 있습니다.

    예 기차를 놓칠 **뻔했어요** / 놓칠 **뻔했네요** / 놓칠 **뻔했군요**.
    약속을 잊어버릴 **뻔했는데** 친구가 알려 주어서 잊지 않았어요.
    죽을 **뻔한** 적이 있어요?

2. '(으)ㄹ 뻔하다'는 일이 실제 일어나지 않았지요? 그래서 아쉬운 느낌과 다행의 느낌을 말할 수 있습니다.

    예 이번 시험에서 1등 할 **뻔했어요**.
    》 '1등 하지 못해서 좀 아쉬워요.'하는 느낌이 있어요.
    아침에 사고가 날 **뻔했어요**.
    》 '사고가 나지 않아서 다행이에요.'하는 느낌이 있어요.

3. [형용사]와 함께 사용하지 않습니다.

예 윤서 씨는 예쁠 뻔했어요. (×)

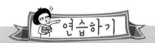

연습하기

다음 표현을 순서대로 활용하여 문장을 완성하십시오.

1. 친구하고 이야기하다 / 싸우다

_____

2. 어릴 때 / 교통사고가 나다 / 죽다

_____

3. 놀이공원에 가다 / 아이를 잃어버리다

_____

강조

027

[명사] (이)야말로 ★★

세종대왕이야말로 한국 사람들이 가장 존경하는 왕입니다.

마이클 씨야말로 이 일을 하는 데 적합한 사람이에요.

제주도야말로 한국에서 가장 가 볼만한 관광지예요.

믿음이야말로 친구 사이에 꼭 필요한 것입니다.

TOPIK 문법 이해하기

'(이)야말로'는 '은/는, 이/가'처럼 [명사] 뒤에 붙는 조사인데 '(이)야말로' 앞의 명사를 강조하는 느낌이 있습니다.

그래서 '(이)야말로' 앞의 명사가 가장 대표적인 것이라는 느낌을 줍니다.

TOPIK 주의하기

1. '(이)야말로'는 받침이 있는 명사 뒤에서는 '이야말로', 받침이 없는 명사 뒤에서는 '야말로'를 사용합니다.

   예 사랑이야말로 / 친구야말로

2. 언제나 [명사] 뒤에 붙어야 합니다! 하지만 '을/를'을 써야 하는 곳, 즉 목적어의 위치에서 '(이)야말로'를 사용하면 어색합니다.

   예 저는 사과야말로 가장 좋아합니다. (×)

3. '(이)야말로'를 쓰면 가장 대표적인 것을 강조하는 느낌이 있습니다. 그래서 보통 개인적인 것 에는 사용하면 어색한 경우가 있으니까 조심하세요!

   예 **사과야말로** 제가 가장 좋아하는 과일입니다.

   ≫ 문법은 맞지만 보통 이렇게 말하지 않습니다.

4. 문장을 만들 때 '(이)야말로' 뒤에는 '[명사](이)다'로 끝나는 것이 조금 더 자연스럽습니다.

　예 그 책이야말로 한국의 문화를 알려 줘요. (?)

　　그 책이야말로 한국의 문화를 알려 주는 유용한 책이에요. (○)

5. '(이)야말로' 뒤에는 '대표적인, 대표하는', '가장~'와 같은 표현이 오면 더 좋습니다.

　예 설이야말로 한국의 전통 명절입니다. (?)

　　설이야말로 한국의 대표적인 전통 명절입니다. (○)

　　한복이야말로 한국의 전통문화 중의 하나입니다. (?)

　　한복이야말로 한국을 대표하는 전통문화 중의 하나입니다. (○)

연습하기

다음 표현을 순서대로 활용하여 대화를 완성하십시오.

1. 우정 / 인생에서 중요하다

_____

2. 가을 / 여행하기 좋은 계절이다

_____

3. 마이클 씨 / 미국을 대표하는 가수이다

_____

★★★

[동사] [형용사]
– (으)ㄹ까 봐(서)

비가 올까 봐서 우산을 가지고 왔어요.

부모님께서 걱정하실까 봐서 매일 전화를 드려요.

부산으로 여행을 가는데 날씨가 추울까 봐서 두꺼운 옷을 준비했어요.

시험을 잘 못 봤다고 사실대로 말하면 엄마가 화를 내실까 봐서 거짓말을 했어요.

TOPIK 문법 이해하기

이 표현은 '–(으)ㄹ까 봐(서)' 앞에 있는 상황이 될 것 같아서 걱정되어 뒤에 나오는 행동을 했다는 의미입니다.

다시 말하면 뒤의 행동을 하게 된 이유는 '–(으)ㄹ까 봐(서)' 앞에 나온 걱정 때문인 것입니다.

TOPIK 주의하기

1. '–(으)ㄹ까 봐(서)' 앞에는 [동사]나 [형용사]를 사용할 수 있지만 이 표현에는 걱정하는 의미 가 있으니까 좋은 의미의 동사나 형용사에는 사용하지 않습니다.

   예 기분이 **좋을까 봐** 걱정이에요. (×)

   그리고 '–(으)ㄹ까 봐(서)' 앞에는 아직 일어나지 않은 일이 와야 하고, 그 일이 생길 것 같아 서 추측하면서 걱정하는 느낌이 있습니다. 그래서 바라는 일이나 하고 싶은 일은 말하지 않 습니다.

   예 장학금을 **받을까 봐** 열심히 공부해요. (×) ⇨ 못 받을까 봐
      감기가 **나을까 봐** 약을 먹었어요. (×) ⇨ 안 나을까 봐

2. [동사]나 [형용사]에 받침이 있으면 '-을까 봐서', 받침이 없으면 '-ㄹ까 봐서'를 쓰면 됩니다.

> 예 비가 **올까 봐** 우산을 가지고 왔어요.
> 부모님은 아이들이 **아플까 봐** 언제나 걱정합니다.

또 불규칙 형태를 사용할 때 조심해야 합니다.

> 예 날씨가 **추울까 봐** 옷을 많이 입었어요.
> 감기가 안 **나을까 봐** 걱정이에요.
> 이사하는 집이 학교까지 **멀까 봐** 걱정이에요.

3. '-(으)ㄹ까 봐서'에서 '서'는 안 써도 괜찮습니다.

> 예 감기가 **안 나을까 봐(서)** 약을 먹었어요.

4. '-(으)ㄹ까 봐(서)' 뒤에는 보통 이미 한 일을 많이 씁니다.

> 예 <u>약속 시간에 **늦을까 봐**</u> <u>택시를 타고 왔어요.</u>
>   (걱정하는 일)   (그래서 내가 한 일)

그리고 이 표현은 '-(으)ㄹ까 봐(서) 걱정이다'의 형태로도 많이 사용합니다.

> 예 약속 시간에 **늦을까 봐** 걱정이에요.

5. '-(으)ㄹ까 봐(서)' 뒤에 '미래(계획)'를 쓰거나 '-(으)세요, -(으)ㅂ시다'를 쓰는 경우가 있는데 절대 안 됩니다!

> 예 약속 시간에 늦을까 봐 일찍 갑시다. (×) / 일찍 가세요. (×)
> 장학금을 못 받을까 봐 열심히 공부하세요. (×)

6. 과거의 상황을 추측해서 걱정하면 '-았/었을까 봐'를 사용합니다.

> 예 약속을 **잊어버렸을까 봐서** 전화를 해 봤어요.
> 》 오늘 오후에 만나기로 한 약속을 잊어버렸을 것 같을 때 씁니다.
> 어제 일 때문에 친구가 **화가 났을까 봐서** 오늘 친구에게 전화를 했어요.
> 그곳에 여행을 갔을 때 날씨가 **추웠을까 봐** 괜찮았는지 물어봤어요. (여행을 갔다 온 후)
> 오늘 여행을 가는데 날씨가 **추울까 봐** 옷을 많이 입었어요. (여행을 가는 날)

7. TOPIK 시험에는 '-(으)ㄹ까 봐(서)'와 바꾸어 쓸 수 있는 표현으로 '-(으)ㄹ까 싶어서', '-(으)ㄹ지도 몰라서'가 나왔습니다. '-(으)ㄹ지도 모르다'는 걱정하는 의미가 있는 표현은 아닙니다. 하지만 세 가지 표현 모두 아직 일어나지 않은 일에 사용하니까 시험에서 바꾸어 쓸 수 있는 표현 문제로 나온 것입니다.

> 예 중요한 손님이 **올까 봐서** 밖에 못 나가요.
>   ≒ **올까 싶어서** / ≒ **올지도 몰라서**

다음 표현을 순서대로 활용하여 문장을 완성하십시오.

1. 시험 / 떨어지다 / 걱정이다

_____

2. 중요한 전화 / 못 받다 / 휴대 전화 / 언제나 / 가지고 다니다

_____

3. 어제 일 / 여자 친구 / 화 / 나다 / 집 / 찾아가다

_____

★★★

[동사] [형용사]

-(으)ㄴ/는 셈이다

식사비 5만원 중에 4만원을 냈으니까 마이클 씨가 돈을 거의 다 **낸 셈이에요.**

저는 일주일에 5번 운동하니까 거의 매일 **운동하는 셈이에요.**

빵 5개 중에 4개를 마이클 씨가 먹었으니까 마이클 씨가 거의 다 **먹은 셈이네요.**

우리 팀 7명 중에 6명이 왔으니까 거의 다 **온 셈이군요.**

TOPIK 문법 이해하기

이 표현은 '-(으)ㄴ/는 셈이다' 앞에 나온 말과 '거의 마찬가지'라는 의미입니다.

예 마이클 씨가 거의 다 **먹은 셈이네요.**

  》 마이클 씨가 거의 다 먹은 것과 마찬가지라는 뜻입니다.

'-(으)ㄴ/는 셈이다'는 말하는 사람이 여러 가지를 생각한 후에 평균적으로 그런 것 같다고 결론을 말할 때 사용합니다.

그래서 '-(으)니까 -(으)ㄴ/는 셈이다'와 같은 형태로 많이 사용합니다.

TOPIK 주의하기

1. 아무 이유나 상황도 없이 '-(으)ㄴ/는 셈이다'를 사용하지 않습니다.

  예 오늘은 오전에 3시간, 오후에 6시간 공부를 했으니까 다른 날보다 공부를 많이 **한 셈이네요.**

2. [현재]는 '-는 셈이다'로 표현합니다.

  예 우리는 일주일에 5번 만나니까 자주 **만나는 셈이네요.**
    식사를 한 후에는 꼭 커피를 마시니까 하루에 3잔 이상 **마시는 셈이네요.**

[과거]는 '-(으)ㄴ 셈이다'로 표현합니다.

예 토요일 밤 10시부터 자기 시작해서 일요일 오후 5시까지 잤으니까 거의 하루를 **잔 셈이네요.**

과거일 때 받침이 있으면 '은', 없으면 'ㄴ'입니다. 하지만 '살다'는 '산 셈이다'로 바꿔서 사용해야 합니다.

대부분 문장이 [동사]를 사용했지요? 그런데 [형용사]도 사용할 수 있습니다.

예 그 휴대 전화는 무료라고 해서 샀는데 고장 나서 수리비가 더 들었어요. 오히려 **비싼 셈이에요.**

하지만 '-(으)ㄴ/는 셈이다'는 평균적으로 생각해 보니까 '그런 것과 마찬가지'라는 의미가 있기 때문에 형용사는 많이 사용하지 않습니다.

3. '-(으)ㄴ/는 셈이다'는 '셈이다'니까 '셈이네요, 셈이군요, 셈이구나'처럼 다양하게 바꾸어서 쓸 수 있습니다.

4. 표현에 '셈'이라는 단어가 있어도 모두 같은 의미는 아닙니다. 조금 어렵지만 다음 문장으로 확인해 보세요.

① '-(으)ㄴ/는 셈 치다' : 가정, 시인

　　예 오늘은 바빠서 같이 저녁을 못 먹겠네요. 하지만 같이 먹은 **셈 칠게요.**
　　　》 사실은 먹지 않았지만 먹었다고 생각한다는 의미입니다.

② '-(으)ㄹ 셈이다' : 앞으로 어떤 생각으로

　　예 이제부터 여기서 **살 셈으로** 왔어요.
　　　》 살려고 하는 마음으로 왔다는 의미입니다.

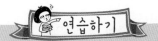

다음 표현을 순서대로 활용하여 문장을 완성하십시오.

1. 3살 때 이 집으로 이사 오다 / 거의 10년을 살았다

　　_____

2. 마이클만 안 오고 다 왔다 / 거의 다 모였다

　　_____

3. 수영 하러 일주일에 5번 가다 / 거의 매일 가다

　　_____

경험

[동사] – 다(가) 보니까 ★★★

매일 듣기 연습을 열심히 하다 보니까 듣기 실력이 늘었어요.

매운 음식을 싫어했는데 자주 먹다 보니까 익숙해졌어요.

매일 쇼핑하다 보니까 용돈을 다 썼어요.

열심히 연습하다 보니까 이제 잘하게 되었어요.

TOPIK 문법 이해하기

'–다 보니까'는 '그런 이유 때문에'라는 의미입니다.

주로 '–다 보니까' 앞의 일을 반복적으로 자주 하니까 뒤에 결과가 생겼다는 뜻입니다.

'–다 보니까' 앞에 쓰는 동사는 말하는 사람이 경험한 일이어야 합니다.
그리고 '–니까' 뒤에 나오는 결과는 새로운 사실을 알게 된 것 같은 느낌을 줍니다.

TOPIK 주의하기

1. '–다 보니까' 앞에는 [형용사]에도 사용할 수 있습니다. '[형용사]–다가 보니까'는 경험의 의미보다 이유의 의미가 많습니다. '중급'에서는 주로 [동사]와 같이 쓰는 것이 시험에 나옵니다.
   예 회사 일이 **바쁘다 보니까** 자주 연락을 못했어요.

2. '–다 보니까' 앞에는 1번 한 일이 아니라 자주 그 일을 해야 하니까 보통 1번 하고 끝나는 동사의 경우는 같이 사용하지 않습니다.
   예 그 학교를 졸업하다 보니까 익숙해졌어요. (×)
   　그 사람과 결혼하다 보니까 좋아졌어요. (×)

3. '-다 보니까' 뒤에는 어떤 결과가 오니까 주로 과거를 쓰거나 현재를 쓰는 것이 좋습니다. 미래를 쓰지 않아야 합니다!

　　예 발음 연습을 계속 하다 보니까 잘하게 될 거예요. (×)

4. '하다'의 경우 '해다 보니까'처럼 잘못 쓰는 일이 있으니까 조심하세요!

　　예 공부를 해다 보니까 잘했어요. (×)

그리고 뒤의 '잘하다'는 [동사]니까 '잘하게 되었다'로 써야 합니다.
'좋다'는 [형용사]니까 '좋아졌다'로 써야 합니다. 쉬운 것이지만 이런 실수를 많이 하니까 조심하세요.

　　예 듣기 연습을 하다 보니까 잘해졌어요. (×)

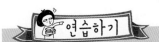

다음 표현을 순서대로 활용하여 문장을 완성하십시오.

1. 마이클 씨를 자주 만나다 / 정이 들다

　　_____

2. 공부를 계속 하다 / 흥미가 생기다

　　_____

3. 한국 친구를 자주 만나다 / 말하기에 자신감이 생기다

　　_____

경험

[동사] – 아/어/여 보니까

한국어를 공부해 보니까 어때요?

박물관에 가 보니까 어땠어요?

지하철을 타 보니까 굉장히 편했어요.

마이클 씨와 이야기해 보니까 생각과 달리 따뜻한 사람이었어요.

TOPIK 문법 이해하기

'–아/어 보니까'는 말하는 사람의 직접적인 경험을 나타낼 때 사용하는 표현입니다. '–아/어 보니까'에는 '–아/어 보다'의 표현과 '–(으)니까'의 표현이 더해져서 경험해 본 일과 그 경험으로 알게 된 것을 나타낼 때 사용합니다.

TOPIK 주의하기

1. [동사] 뒤에서만 쓸 수 있습니다. 말하는 사람의 경험을 말해야 하기 때문에 [형용사]에는 사용할 수 없습니다.

   예 윤서 씨가 예뻐 보니까 좋아요. (×)

2. [동사] 중에서 '보다'에는 쓰지 않습니다.

   예 그 신문을 봐 보니까 새로운 소식을 알았어요. (×)

3. '-아/어 보니까' 뒤에는 과거나 현재만 쓸 수 있고 미래는 쓸 수 없습니다.
그리고 '-아/어 보니까' 앞에는 이미 경험한 일을 써야 하기 때문에 '-아/어 보니까' 앞에
과거의 형태를 쓰면 안 됩니다.

> 예 사무실에 가 보니까 선생님이 안 계실 거예요. (×)
> 그 음식을 먹었 보니까 맛있어요. (×)

4. '-아/어 보니까' 뒤에 '-(으)니까'가 있지만 '-(으)세요, -(으)ㅂ시다'와 같이 쓸 수 없습니다.
이 때 '-(으)니까'는 새로운 것을 알게 되었을 때 사용하는 표현입니다.

> 예 말씀을 들어 보니까 같이 갑시다. (×)

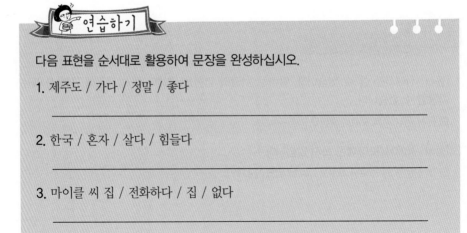

연습하기

다음 표현을 순서대로 활용하여 문장을 완성하십시오.

1. 제주도 / 가다 / 정말 / 좋다

_____

2. 한국 / 혼자 / 살다 / 힘들다

_____

3. 마이클 씨 집 / 전화하다 / 집 / 없다

_____

계획

★★★★★
[동사] – (으)려던 참이다

마이클 : 여보세요? 윤서 씨?

윤　서 : 마이클 씨! 저도 마침 전화를 하려던 참이었는데.

마이클 : 오늘 명동에 가요?

윤　서 : 네, 그렇지 않아도 마이클 씨에게 갈 수 있는지 물어보려던 참이었어요.

윤　서 : 너무 졸린데 커피를 마시러 갈까요?

마이클 : 좋아요. 안 그래도 저도 커피를 마시러 가려던 참이었거든요.

TOPIK 문법 이해하기

'–(으)려던 참이다'는 계획을 말하는 표현인데 어떤 일을 '하려고 생각하고 있다'는 뜻입니다.

어떤 일을 계획해서 하려고 생각하고 있는데 상대방이 먼저 그 일에 대해 물어보는 경우, 대답으로 많이 사용합니다.

TOPIK 주의하기

1. [동사] 뒤에서만 쓸 수 있습니다. 말하는 사람의 경험을 나타내야 하기 때문에 [형용사]에는 사용할 수 없습니다.

　예 안 그래도 요즘 바쁘려던 참이에요. (×)

　• 받침이 있는 경우 : –으려던 참이다　　예 지금 밥을 먹으려던 **참이에요.**

　• 받침이 없는 경우 : –려던 참이다　　예 지금 나가려던 **참이에요.**

2. '−(으)려던 참이다' 앞에는 '−겠'을 함께 사용할 수 없습니다. 이미 그 일을 계획하고 있으니까 미래나 과거의 형태로는 사용하지 않습니다.

> **예** 이번 달부터 영어 공부를 하겠으려던 참이었어요. (×)

그리고 '−(으)려던 참이다' 앞에는 '안'이나 '못'을 쓰지 않습니다.

> **예** 담배를 안 피우려던 참이었어요. (×)
> 담배를 **끊으려던 참이었어요.** (○)

3. 보통 '그렇지 않아도/ 안 그래도', '마침' 등의 말과 함께 사용합니다.

- 그렇지 않아도 / 안 그래도 : 상대방이 말하지 않아도
- 마침 : 말하는 사람이 생각하고 있는 바로 그때

4. '−(으)려던 참이다'는 대부분의 동사에 대부분 사용할 수 있습니다. 그런데 자신이 계획하는 일이지만 보통 가까운 미래의 일을 계획할 때 사용하니까 '졸업하다'와 같은 동사에 사용하면 어색합니다.

> **예** 내일 대학교를 졸업하려던 참이에요. (×)

5. '−(으)려던 참이다' 뒤에는 '−(으)세요, (으)ㅂ시다'를 사용하지 않습니다. 대신 '−(으)ㄴ/는데' 같은 표현과 연결해서 만드세요.

> **예** 지금 식사하러 **나가려던 참인데** 같이 갈래요?

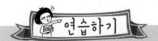

연습하기

다음 표현을 순서대로 활용하여 문장을 완성하십시오.

1. 지금 / 밥 / 먹다 / 같이 / 먹다

_____

2. 안 그래도 / 출발하다

_____

3. 그렇지 않아도 / 우체국 / 가다 / 저 / 부치다

_____

033 ★★★ 계획

[동사] – (으)ㄹ까 하다

> 너무 피곤해서 이번 주말에는 그냥 집에서 **쉴까 해요.**
>
> 내일 친구들과 같이 저녁을 **먹을까 하는데** 같이 갈래요?
>
> 이번 달 말에 일본으로 여행을 **갈까 해요.**
>
> 이번 주말에는 마이클 씨 집에 **갈까 해요.**

TOPIK 문법 이해하기 ❶

'–(으)ㄹ까 하다'는 어떤 일을 계획할 때 사용하는 표현입니다.
하지만 그 계획은 쉽게 바뀔 수도 있는 계획입니다.

말하는 사람이 그렇게 하고 싶어 하는 느낌이 있지만 꼭 해야 한다고 생각하는 것은
아닙니다.

TOPIK 주의하기 ❶

1. '–(으)ㄹ까 하다'는 [동사]에 사용하여 계획을 나타내기 때문에 [형용사]에는 쓸 수 없습니다.
   예 내일부터 바쁠까 해요. (×)

2. '–(으)ㄹ까 하다'는 '–(으)ㄹ까 해요 / 한다 / 합니다 / 하는데 / 해서' 등으로 사용할 수 있
   지만 '–(으)ㄹ까 하세요 / 합시다'는 사용할 수 없습니다.
   예 이번 주말에는 티셔츠를 사러 **갈까 하는데** 같이 갈래요? (○)
   이번 주말에는 티셔츠를 사러 **갈까 한다.** (○)
   이번 주말에는 티셔츠를 사러 갈까 하세요. (×)
   이번 주말에는 티셔츠를 사러 갈까 합시다. (×)

3. 쉽게 바뀔 수 있는 계획이니까 꼭 해야 하는 일이나 꼭 하고 싶은 일에는 '-(으)ㄹ까 하다'
를 사용하면 좀 어색합니다.
> 예 올해는 꼭 대학교를 졸업할까 해요. (×)

다음 표현을 순서대로 활용하여 문장을 완성하십시오.

1. 아르바이트가 너무 힘들다 / 그만두다

_____

2. 오늘 날씨가 좋다 / 집까지 걸어가다

_____

3. 주말에 영화 보다 / 같이 가다

_____

관형형

[동사] [형용사] - 던 [명사]

내가 보던 신문을 동생이 치웠다.

조금 전까지 맑던 하늘에 지금은 구름이 끼고 있다.

윤서 씨는 동생이라서 언니가 입던 옷을 입을 때가 많았다.

여기는 제가 대학교 때 자주 가던 식당이에요.

TOPIK 문법 이해하기

'-던'은 언제나 명사 앞에 써야 하고 의미를 두 가지로 나누어 볼 수 있습니다.

첫 번째 의미는 과거에 시작해서 아직 다 끝나지 않은 일을 회상하면서 말할 때 사용합니다.

예 내가 아까 **마시던** 커피
   ≫ 과거에 마시기 시작했지만 커피를 다 마시지 않았고 커피가 남았다는 의미입니다.

두 번째 의미는 과거에 자주 한 일을 회상하면서 말할 때 사용합니다. 그때는 '자주, 많이' 등의 표현과 같이 말합니다.

예 내가 자주 **가던** 커피숍
   ≫ 과거에 자주 갔는데 지금은 내가 가지 않을 수도 있다는 의미입니다.

TOPIK 주의하기

1. 이 표현은 아직 끝나지 않은 일을 말할 때, 과거에 자주 한 일을 회상하는 느낌으로 말할 때 씁니다.

   예 이 노래는 제가 자주 **듣던** 노래예요.
      마이클 씨는 아침에 **먹던** 빵을 점심에도 먹었다.

2. 언제나 [명사] 앞에 사용해야 합니다. 가끔 명사를 쓰지 않는 실수를 하니까 조심하세요!

예 내가 가던 공부해요. (×)

연습하기

다음 표현을 순서대로 활용하여 문장을 완성하시오.

1. 하다 / 일 / 다 / 끝내다

_____

2. 그 노래 / 어머니 / 자주 / 부르다 / 노래이다

_____

3. 여기 / 고등학교 때 / 자주 / 오다 / 곳이다

_____

관형형

[동사][형용사] – 았/었/였던 [명사]

> **행복했던** 그 시절로 돌아가고 싶어.
>
> 이곳은 고등학교 때 자주 **왔던** 곳이에요.
>
> 이 노래는 제가 어렸을 때 어머니께서 자주 **불러 주셨던** 노래예요.
>
> 그 사람은 제가 한국에서 공부할 때 같은 반에서 **공부했던** 친구예요.

 TOPIK 문법 이해하기

이 표현에도 두 가지 의미가 있습니다.

첫 번째는 과거에 시작해서 이미 모든 일이 끝난 후 그 일을 회상하면서 말할 때 사용합니다.

예 지난주에 **갔던** 식당
   ≫ 지난주에 갔고 다시 가지 않았다는 의미입니다.

두 번째는 과거에 시작했고 자주 한 일을 회상하면서 말할 때 씁니다.

예 어릴 때 자주 **먹었던** 음식
   ≫ 어릴 때 자주 먹었지만 이제는 자주 먹지 않는다는 의미입니다.

TOPIK 주의하기

1. 이미 끝난 일이나 과거에 자주 한 일을 말할 때 사용합니다. 이 표현도 과거를 회상하는 느낌이 있습니다.

   예 이 노래는 고등학교 때 자주 **들었던** 노래인데 오랜만에 들으니까 그때가 생각나요.
      이 드레스는 우리 언니가 결혼할 때 **입었던** 옷이에요.

2. 뒤에 꼭 [명사]를 써야 합니다!

   예 한국어를 배웠던 공부해요. (×)

3. '-던'처럼 과거에 시작한 일에 대해 말하지만 '-았/었던'으로 말하면 이미 끝난 일이라는 느낌이 강합니다. 그래서 '-던'과 '-았/었던'을 구분하는 문제가 나오면 여러 번 하는 일인지, 한 번하고 끝나는 일인지 생각해 봐야 합니다.
한 번하고 끝나는 경우일 때는 '-았/었던'을 사용해야 합니다.

> 예 우리가 처음 **만났던** 곳은 그 극장이에요. (○)
> 우리가 처음 만나던 곳은 그 극장이에요. (×)

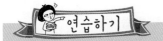

연습하기

다음 표현을 순서대로 활용하여 문장을 완성하십시오.

1. 지난번 / 보다 / 영화 / 좋다 / 다시 / 보고 싶다

_____

2. 아까 / 하다 / 이야기 / 마이클 씨 / 이야기이다

_____

3. 지난번 / 사다 / 옷 / 바꾸러 오다

_____

기회

036

★★★

[동사] -(으)ㄴ/는 김에

방을 청소하는 김에 서랍도 정리했다.

내 도시락을 준비하는 김에 네 것도 준비했어.

제 옷을 사는 김에 언니의 옷도 하나 사려고 해요.

제주도로 출장 간 김에 거기에 사는 친구도 만나고 왔어요.

TOPIK 문법 이해하기

'-(으)ㄴ/는 김에'는 어떤 일이 일어난 상황을 계기로 해서 계획하지 않은 다른 일이나 행동도 함께 할 때 사용합니다. '-(으)ㄴ/는 김에' 앞에 나오는 일을 하고 나서 계획하지 않았던 뒤의 일도 하게 된다는 뜻입니다.

'-(으)ㄴ/는 김에'는 상대방을 위해서 어떤 일을 했지만 그 사람에게 부담을 갖지 말라고 이야기할 때 사용할 수 있습니다.

TOPIK 주의하기

1. '-(으)ㄴ/는 김에' 앞에는 동사만 사용하세요!
   과거의 완료된 상황이면 '-(으)ㄴ 김에'로 말할 수 있습니다.

   예 내 빨래를 **하는 김에** 남자 친구의 빨래도 하려고 해요.
   우리는 **만난 김에** 다음에 발표할 내용도 준비했다.
   오랜만에 시내에 나갔는데 **나간 김에** 영화도 보고 왔다.

2. '-(으)ㄴ/는 김에' 뒤에는 '-(으)ㄹ래요?, -(으)세요, -(으)ㅂ시다'처럼 의문, 명령 등이 다양하게 올 수 있습니다.

   예 **하는 김에** 내 방 청소도 좀 해 줄래요?
   이번에 여행을 **가는 김에** 할머니 집에도 다녀오세요.
   이번에 여행을 **가는 김에** 할머니 집에도 다녀옵시다.

3. '만들다'에 '-(으)ㄴ/는 김에'를 쓸 때는 형태를 주의하세요!

　예 내 것 **만드는 김에** 네 것도 만들었어.

4. '-(으)ㄴ/는 김에'와 '-는 길에'를 혼동하는 경우가 있으니 주의하세요!
　'-는 길에'는 일을 하는 중이나 일을 하다가 생기는 상황에 씁니다.
　그리고 '-는 길에'는 '가다, 오다, 돌아가다, 나오다' 등 이동하는 동사와 함께 사용합니다.

　예 학교에 가는 길에 친구를 만났어요.
　　》 학교에 가는 도중에, 학교에 가다가 생긴 상황입니다.
　　집에 오는 길에 편의점에 들러서 음료수를 샀어요.
　　》 집에 오는 도중에, 집에 오다가 생긴 상황입니다.

　'-(으)ㄴ/는 김에'는 이미 그곳에 도착했거나 아직 도착하지 않은 경우가 많습니다. 그리고 이동 동사뿐만 아니라 '배우다, 빨래하다, 청소하다' 등의 다양한 동사에 사용할 수 있습니다.

　예 학교에 **간 김에** 친구를 만났어요.
　　》 학교에 도착한 상황에 사용합니다.
　　학교에 **가는 김에** 친구를 만나려고 해요.
　　》 학교에 아직 도착하지 않았지만 출발하지도 않았습니다.

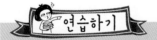

다음 표현을 순서대로 활용하여 문장을 완성하십시오.

1. 나가다 / 음료수 / 사 오다

　_____

2. 오랜만에 외출하다 / 나오다 / 영화 / 보고 가다

　_____

3. 김밥 / 만들다 / 친구의 것 / 만들다

　_____

당연

★★★

[동사][형용사] - 게 마련이다

> 물건이 오래되면 **낡기 마련이다.**
>
> 서두르면 **실수하게 마련입니다.**
>
> 열심히 노력하는 사람은 **성공하게 마련이에요.**
>
> 누구나 아프면 마음이 **약해지기 마련입니다.**

TOPIK 문법 이해하기

'-게 마련이다'는 '-기 마련이다'의 형태로도 사용하는데 '그런 일이 생기는 것이 당연하다'는 의미가 있습니다.

TOPIK 주의하기

1. [동사], [형용사]에 모두 사용할 수 있고, '-게 마련이다'와 '-기 마련이다'는 같은 표현입니다.
   예 처음에는 누구나 **실수하게 마련이에요.**
   　　　　　= **실수하기 마련이에요.**

2. '-기 마련이다'를 사용하면 그런 일이 생기는 것이 당연하고, 자연스럽게 그렇게 된다는 의미가 있습니다. 하지만 항상 그런 것은 아닙니다.
   예 사랑하는 사람이 제일 멋있어 **보이기 마련이에요.**
   》 멋있어 보이는 것이 자연스러운 현상이지만 꼭 그런 것은 아닙니다.

   그래서 꼭 그렇게 해야 하는 일에는 사용하면 안 됩니다! 그리고 속담과 함께 사용하지 않는 편입니다.
   예 성공하려면 열심히 공부해야 하게 마련이에요. (×)

3. '-(으)면 -게 마련이다'의 형태로도 자주 씁니다.
   예 겨울이 지나면 봄이 오게 마련입니다.

 연습하기

다음 표현을 순서대로 활용하여 문장을 완성하십시오.

1. 아이 / 부모를 닮다

_____

2. 세월이 가다 / 모든 것이 변하다

_____

3. 친하지 않은 사람도 자주 만나다 / 가까워지다

_____

당연

[동사] [형용사]
– (으)ㄴ/는 법이다

원숭이도 나무에서 떨어질 때가 있는 법입니다.

가는 말이 고와야 오는 말이 고운 법이에요.

죄가 있으면 벌을 받는 법이에요.

사람은 누구나 늙는 법이에요.

TOPIK 문법 이해하기

'–(으)ㄴ/는 법이다'는 그 앞에 나온 말이 당연하다는 의미가 있습니다. 자연의 규칙처럼 그렇게 되는 것이 당연하다는 의미로 사용합니다.

TOPIK 주의하기

1. 사실을 말하는 경우가 많으며, [동사]에는 '–는 법이다', [형용사]에는 '–(으)ㄴ 법이다'를 씁니다.

   예 기대가 크면 실망도 **큰 법이에요.**
   사랑을 하면 **예뻐지는 법이에요.**

   '있다/ 없다'는 '–는 법이다'를 써야 합니다.

   예 아무리 친한 친구라고 해도 싸울 때가 **있는 법이에요.**

   [형용사]의 경우 불규칙도 조심해야 합니다.

   예 여름은 덥고 겨울은 **추운 법이에요.**

2. '법'이라는 말에서 알 수 있는 것처럼 이 표현은 그렇게 되는 것이 당연한 일에만 사용합니다. 그래서 주로 속담과 함께 씁니다.

　예 고생 끝에 낙이 **오는 법이에요.**

3. '-게 마련이다'와 의미가 비슷하지만 '-(으)ㄴ/는 법이다' 는 속담과 같은 표현에 사용할 수 있습니다.
그리고 '-(으)ㄴ/는 법이다' 는 '-아/어야 하다'와 같이 사용할 수 있습니다.

　예 부부는 서로에게 **정직해야 하는 법이다.**

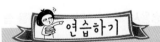

다음 표현을 순서대로 활용하여 문장을 완성하십시오.

1. 재미있는 이야기 / 매일 듣다 / 재미가 없다

　_____

2. 아프다 / 집 생각이 나다

　_____

3. 모든 일 / 때가 있다

　_____

대조

★★

[동사] [형용사]
– (으)ㄴ/는 반면(에)

> 그 집은 집값이 **비싼 반면에** 교통이 편리하다.
>
> 마이클 씨는 듣기는 **잘하는 반면에** 읽기는 잘 못해요.
>
> 저는 보통 아침은 꼭 챙겨서 **먹는 반면에** 저녁은 먹지 않습니다.
>
> 이곳은 주말에는 사람이 **많은 반면에** 평일에는 사람이 별로 없다.

TOPIK 문법 이해하기

'–(으)ㄴ/는 반면에'는 앞과 뒤의 내용이 서로 반대일 때 사용하는 표현입니다.

'반면'이라는 말에는 '서로 반대'라는 의미가 있기 때문입니다.

TOPIK 주의하기

1. '–(으)ㄴ/는 반면에'는 [동사], [형용사]에 모두 사용할 수 있습니다.

　① [동사]의 경우

　　• 현재 : –는 반면에　　• 과거 : –(으)ㄴ 반면에

　　예 20대의 결혼은 **줄어든 반면에** 30대의 결혼은 늘고 있다.
　　　그 회사는 월급을 많이 **주는 반면에** 일이 많다.

　② [형용사]의 경우

　　• 현재 : –(으)ㄴ 반면에

　　예 그곳은 쇼핑하기 **편리한 반면에** 값이 비싸다.

　＊ 하지만 형용사 중 '맛있다 / 맛없다 / 재미있다 / 재미없다' 등은 '–는 반면에'로 써야 합니다.

　　예 그 식당의 음식은 **맛있는 반면에** 값이 비싸다.

※ 또한 불규칙의 경우 조심해야 합니다.

> 예 그 하숙집은 학교에서 멀은 반면에 시설이 좋아요. (×)
>
> ⇨ **먼 반면에**

③ [명사]의 경우

- 현재: 인 반면에

2. '-(으)ㄴ/는 반면에'는 '-(으)ㄴ/는 데 반해'와 바꾸어 사용할 수 있습니다.

> 예 올해 해외로 가는 관광객은 **증가한 반면에** 국내로 오는 관광객은 줄었다고 합니다.
>
> = **증가한 데 반해**

3. '-(으)ㄴ/는 반면에'에서 '에'를 쓰지 않아도 됩니다.

> 예 내 친구는 공부는 잘 **못하는 반면** 그림은 잘 그린다.

4. 글에서도 '반면에'를 쓰는 경우가 있는데, 서로 반대되는 내용을 쓸 때 사용합니다.

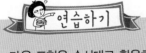

다음 표현을 순서대로 활용하여 문장을 완성하십시오.

1. 형 / 키가 작다 / 동생 / 키가 크다

_____

2. 그 영화배우 / 얼굴 / 예쁘다 / 연기 / 못하다

_____

3. 우리 회사 / 월급 / 적다 / 일 / 많다 / 힘들다

_____

대조

[동사] [형용사]
–(으)ㄴ/는 데 반해

그 식당은 음식은 맛있는 데 반해 가격이 비싸다.

마이클 씨는 말하기는 잘하는 데 반해 쓰기는 잘 못한다.

그 회사는 월급이 많아서 좋은 데 반해 일이 많아서 힘들다고 합니다.

그곳은 집값이 싼 데 반해 교통이 불편합니다.

TOPIK 문법 이해하기

이 표현은 '–(으)ㄴ/는 데 반해' 앞과 뒤의 내용이 서로 반대일 때 사용합니다.

TOPIK 주의하기

1. '–(으)ㄴ/는 데 반해' 는 [동사], [형용사]에 모두 사용할 수 있습니다.

   ① [동사]의 경우

   • 현재 : –는 데 반해   • 과거 : –(으)ㄴ 데 반해

   예 술의 판매량은 **줄어든 데 반해** 담배의 판매량은 증가했다.
   윤서 씨는 피아노는 **잘 치는 데 반해** 노래는 잘 못한다.

   ② [형용사]의 경우

   • 현재 : –(으)ㄴ 데 반해

   예 그곳은 쇼핑하기 **편리한 데 반해** 옷값이 비싸다.

※ 하지만 형용사 중 '맛있다 / 맛없다 / 재미있다 / 재미없다' 등은 '–는 데 반해'로 써야 합니다.

   예 그 식당은 음식이 **맛있는 데 반해** 서비스는 별로예요.

※ 또한 불규칙의 경우 조심해야 합니다.
- 'ㄹ' 탈락 : 멀다 ⇨ 먼 데 반해
  살다 ⇨ 사는 데 반해
- 'ㅂ' 불규칙 : 덥다 ⇨ 더운 데 반해
  ('좁다'는 '좁은 데 반해'로 쓰니까 조심!)
- 'ㅎ' 불규칙 : 하얗다 ⇨ 하얀 데 반해

  예 그 하숙집은 학교에서 멀은 데 반해 집값이 싸요. (×)
  ⇨ **먼 데 반해**

③ [명사]의 경우
- 현재 : 인 데 반해
- 과거 : 이었/였던 데 반해

  예 다른 나라에서 암으로 인한 사망률은 감소 **추세인 데 반해** 우리나라의 사망률은 줄어들지 않고 있다.

2. 이 표현은 보통 대화를 할 때보다 글을 쓰거나 발표와 같은 공식적인 상황에서 더 많이 사용합니다.

3. '-(으)ㄴ/는 데 반해'는 띄어쓰기를 조심해야 합니다.

  예 올해 해외로 가는 관광객은 증가한데 반해 국내로 오는 관광객은 줄었다고 합니다. (×)
  올해 해외로 가는 관광객은 **증가한V데 반해** 국내로 오는 관광객은 줄었다고 합니다.

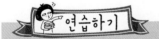

다음 표현을 순서대로 활용하여 문장을 완성하십시오.

1. 도시의 인구 / 증가하다 / 시골의 인구 / 감소하다

_____

2. 옛날 사람들 / 편지를 자주 보내다 / 요즘 사람들 / 이메일을 자주 보내다

_____

3. 지하철 / 이용하다 / 편리하다 / 사람 / 많다 / 복잡하다

_____

041

[동사][형용사]
–(으)ㄴ/는데도

마이클 씨는 **아픈데도** 학교에 와서 열심히 공부하고 있어요.

열심히 **운동하는데도** 살이 빠지지 않아서 고민이에요.

날씨가 **추운데도** 윤서 씨는 쇼핑하러 갔다.

밥을 **먹었는데도** 또 배가 고파요.

TOPIK **문법 이해하기**

'–(으)ㄴ/는데도'는 앞에 있는 상황과 반대의 사실이 뒤에 올 때 사용하는 표현입니다.
'–(으)ㄴ/는데도'는 말하는 사람이 기대하는 것과 다를 때 사용할 수 있습니다.

예 열심히 **운동하는데도** 살이 빠지지 않아요.
  》 열심히 운동하면 살이 빠질 거라고 생각하지만 살이 빠지지 않은 상황에 사용합니다.

TOPIK **주의하기**

1. 형태는 어렵지 않습니다.

[동사] · 현재 : –는데도 **예** 먹는데도   · 과거 : –았/었는데도 **예** 먹었는데도
[형용사] · 현재 : –(으)ㄴ데도 **예** 바쁜데도   · 과거 : –았/었는데도 **예** 바빴는데도
[명사] · 현재 : 인데도 **예** 학생인데도   · 과거 : 이었/였는데도 **예** 가수였는데도

[형용사]일 때는 불규칙을 조심해야 됩니다.

예 문제가 **어려운데도** 학생들이 잘 풀고 있네요.
  집에서 학교까지 **먼데도** 윤서 씨는 지각하지 않아요.

[동사]의 과거를 나타낼 때 실수하지 않게 조심하세요.

예 밥을 먹은데도 배가 고파요. (×)
  ⇨ **먹었는데도**

2. '-(으)ㄴ/는데도'를 조금 더 강조해서 표현하고 싶을 때 '-(으)ㄴ/는데도 불구하고'를 쓸 수 있습니다.

> 예 **바쁘신데도 불구하고** 오늘 모임에 참석해 주셔서 감사드립니다.

'-(으)ㄴ/는데도 불구하고'는 보통 다른 사람이 주어일 때 많이 씁니다. '나'로 쓰면 상황이 더 강조되는 느낌이 있습니다.

> 예 나는 **아픈데도 불구하고** 회사에 출근했다.

다음 표현을 순서대로 활용하여 문장을 완성하십시오.

1. 한국에 오래 살았다 / 한국 친구가 별로 없다

_____

2. 마이클 씨/ 공부를 많이 하지 않다 / 시험을 잘 보다

_____

3. 커피를 마셨다 / 졸리다

_____

Topik 확인학습(2)

✱ [1~3] 다음 (   ) 안에 알맞은 것을 고르십시오.

01

> 가 : 마이클 씨랑 윤서 씨가 사귄대요.
> 나 : 그래요? 두 사람은 만날 때마다 싸우는데 (   ).

① 사귈 뻔했어요   ② 사귈 리가 없어요

③ 사귀는 셈이군요   ④ 사귀게 마련이에요

02

> 가 : 요리를 정말 잘하시네요. 부러워요.
> 나 : 어머니 옆에서 같이 (   ) 잘하게 되었어요.

① 요리를 하더니   ② 요리를 하는데도

③ 요리를 한 나머지   ④ 요리를 하다 보니까

03

> 가 : 도시락을 (   ) 마이클 씨 것도 싸 왔어요. 한 번 드셔 보세요.
> 나 : 감사합니다. 정말 맛있네요.

① 싸는 김에   ② 쌀까 봐서

③ 쌀 테니까   ④ 싸서 그런지

04

> 가 : 윤서 씨, 너무 졸린데 우리 커피 마시러 갈래요?
> 나 : 네. 좋아요. 그렇지 않아도 저도 커피를 (   ).

① 마시잖아요   ② 마시거든요

③ 마시는 법이에요   ④ 마시려던 참이었어요

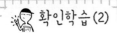

✳ [5~6] 다음 밑줄 친 부분이 틀린 것을 고르십시오.

05 ① 이 옷은 결혼식 때 <u>입던</u> 옷이에요.

② 어제 <u>먹은</u> 떡볶이가 정말 맛있었어요.

③ 마이클 씨가 자주 <u>가는</u> 커피숍으로 갑시다.

④ 이곳은 제가 어릴 때 자주 <u>갔던</u> 식당이에요.

06 ① 5시에 갔더니 은행 문이 <u>닫혔다</u>.

② 누군가 노래를 부르는 소리가 <u>들었다</u>.

③ 갑자기 사고가 나는 바람에 길이 <u>막혔다</u>.

④ 여름철에는 아이스크림이 잘 <u>팔린다고</u> 한다.

✳ [7~8] 다음 밑줄 친 부분과 바꾸어 쓸 수 있는 것을 고르십시오.

07

가 : 날씨가 이렇게 좋은데 우산은 왜 챙겼어요?

나 : 날씨는 좋지만 갑자기 비가 <u>올까 봐서</u> 챙겼어요.

① 오는데도   ② 올 것 같아서

③ 오는 대로   ④ 와서 그런지

08

가 : 우리 반 여학생들은 주스를 <u>좋아하는 반면에</u> 남학생들은 콜라를 좋아하는 것
으로 조사되었습니다.

나 : 그 원인이 무엇이라고 생각하십니까?

① 좋아하는 데 반해   ② 좋아해 가지고

③ 좋아하는 바람에   ④ 좋아하는 나머지

✳ [9~10] 다음 빈칸에 가장 알맞은 것을 고르십시오.

09

> 가 : 두 사람은 정말 비슷한 점이 많은 것 같아요.
>
> 나 : 맞아요. _____

① 같이 산다고 생각해요.

② 서로 닮을 뻔했다고 들었어요.

③ 오랫동안 같이 지내면 닮게 마련이에요.

④ 서로 성격이 비슷하고 외모도 닮을 리가 없어요.

10

> 가 : 무슨 일이 있어요? 안색이 안 좋네요.
>
> 나 : 네. _____

① 정말 큰일 날 뻔했군요.

② 사고가 날 테니까 조심하세요.

③ 사고가 나는 탓에 조심해야 해요.

④ 학교에 오다가 사고가 날 뻔했거든요.

Part 3

. . . .

문법

Theme 42 ~ Theme 61

확인학습(3)

사동사

★★★

엄마가 아기에게 옷을 **입혀요.**

엄마가 아기의 옷을 **벗겨요.**

누나가 동생을 **재워요.**

언니가 라면을 **끓이고** 있다.

TOPIK ★★★ 문법 이해하기

'아기'는 혼자 무언가 할 수 없으니까 엄마가 언제나 하게 하거나 해 주어야 합니다.

이럴 때 사동 표현을 사용하는데 사동 표현은 이렇게 어떤 사람이 다른 사람에게 무엇을 하게 할 때, 다른 사람이 시키는 일에 사용합니다.

TOPIK ★★★ 주의하기

사동 표현을 만드는 방법은 여러 가지가 있지만 우선 '사동사'를 외워야 합니다.

'사동사'는 동사에 '-이-, -히-, -리-, -기-, -우-, -구-, -추-'가 붙어서 형태가 바뀌고 문장에서도 다르게 사용됩니다. 하지만 '중급'에서는 '-이-, -히-, -리-, -기-, -우-'가 붙는 사동사 정도만 외우면 됩니다.

▶▶ **우선 자주 나오는 사동사를 살펴봅시다.**

동사	사동사			예
	(-이-)	-아/어요	글을 쓸 때	
보다	**보이다**	보여요	보인다	도서관에 들어갈 때 학생증을 **보여** 주어야 해요.
먹다	**먹이다**	먹여요	먹인다	엄마가 아기에게 우유를 **먹여요.**

죽다	**죽이다**	죽여요	죽인다	엄마가 벌레를 **죽였어요.**
끓다	**끓이다**	끓여요	끓인다	동생이 라면을 **끓여요.**
붙다	**붙이다**	붙여요	붙인다	선생님이 사진을 벽에 **붙여요.**
줄다	**줄이다**	줄여요	줄인다	세탁소 아저씨가 바지를 **줄여요.**
끝나다	**끝내다**	끝내요	끝낸다	부장님이 회의를 **끝내요.**

동사	사동사			예
	(-히-)	-아/어요	글을 쓸 때	
앉다	**앉히다**	앉혀요	앉힌다	엄마가 아기를 의자에 **앉혀요.**
눕다	**눕히다**	눕혀요	눕힌다	엄마가 아기를 침대에 **눕혀요.**
맞다	**맞히다**	맞혀요	맞힌다	의사가 환자에게 주사를 **맞혀요.**
읽다	**읽히다**	읽혀요	읽힌다	선생님이 마이클 씨에게 책을 **읽혀요.**
입다	**입히다**	입혀요	입힌다	엄마가 아기에게 옷을 **입혀요.**

동사	사동사			예
	(-리-)	-아/어요	글을 쓸 때	
울다	**울리다**	울려요	울린다	형이 동생을 **울려요.**
돌다	**돌리다**	돌려요	돌린다	형이 팽이를 **돌리면서** 놀아요.
살다	**살리다**	살려요	살린다	의사가 환자를 **살렸어요.**
알다	**알리다**	알려요	알린다	마이클 씨가 그 소식을 친구들에게 **알렸어요.**
날다	**날리다**	날려요	날린다	공원에 가서 비행기를 **날렸다.**
듣다	**들리다**	들려요	들린다	친구가 노래를 **들려주었다.**

동사	사동사			예
	(-기-)	-아/어요	글을 쓸 때	
벗다	**벗기다**	벗겨요	벗긴다	엄마가 아기의 옷을 **벗긴다.**
신다	**신기다**	신겨요	신긴다	엄마가 아기의 신발을 **신겨요.**
감다	**감기다**	감겨요	감긴다	엄마가 딸의 머리를 **감겨요.**
웃다	**웃기다**	웃겨요	웃긴다	마이클 씨는 재미있는 농담으로 친구들을 **웃겨요.**
맡다	**맡기다**	맡겨요	맡긴다	마이클 씨는 세탁소에 옷을 **맡겼어요.**
씻다	**씻기다**	씻겨요	씻긴다	엄마가 아기의 발을 **씻겨요.**

동사	사동사			예
	(–우–)	–아/어요	글을 쓸 때	
자다	재우다	재워요	재운다	엄마가 아기를 **재워요**.
서다	세우다	세워요	세운다	마이클 씨가 차를 **세웠어요**.
쓰다	씌우다	씌워요	씌운다	엄마가 아기에게 모자를 **씌워요**.
타다	태우다	태워요	태운다	마이클 씨가 저를 차에 **태워** 주었어요.
깨다	깨우다	깨워요	깨운다	엄마가 저를 **깨워요**.

▶▶ **문장으로 살펴봅시다.**

① **주어+동사**

- 동생이 울어요. ⇨ 형이 동생을 **울려요**.
- 택시가 서요. ⇨ 손님이 택시를 **세워요**.
- 학생이 의자에 앉아요. ⇨ 선생님이 학생을 의자에 **앉혀요**.

② **주어+목적어+동사**

- 아이가 밥을 먹어요. ⇨ 엄마가 아이에게 밥을 **먹여요**.
- 아이가 옷을 벗어요. ⇨ 엄마가 아기의 옷을 **벗겨요**.

＊ **목적어가 '신체의 일부분'일 때**

- 동생이 머리를 감아요. ⇨ 엄마가 동생의 머리를 **감겨요**.
- 아이가 발을 씻어요. ⇨ 엄마가 아이의 발을 **씻겨요**.

1. 사동사는 모두 외워야 합니다!! 특히 '–우–'가 붙는 사동사는 잘못 쓰는 일이 많으니까 정확하게 외워야 합니다!
2. '사동사'는 '–아/어 주다'와 같이 사용할 수 있습니다. 하지만 모든 사동사에 붙이지는 마세요.
   예 여권을 **보여 주다**. (보이다 + –아/어 주다)
      음악을 **들려주다**. (들리다 + –아/어 주다)

연습하기

다음 표현이 맞으면 ○, 틀리면 × 하십시오.

1. 윤서가 마이클에게 한국 음악을 들려주었다.   (   )

2. 팔을 다친 친구의 머리를 감아 주었다.   (   )

3. 차가 없는 친구를 명동까지 태워 주었다.   (   )

4. 룸메이트가 나를 매일 깬다.   (   )

사동(2)

★★★
[동사] -게 하다

> 엄마가 아이에게 책을 읽게 했어요.
>
> 선생님께서 제게 이 숙제를 나눠 주게 했어요.
>
> 이번 모임에 대해서 마이클 씨에게 **연락하게 하세요.**
>
> 엄마는 제가 이 학교에서 **공부하게 했어요.**

TOPIK 문법 이해하기

사동 표현은 어떤 사람이 다른 사람에게 무엇을 하게 할 때 사용합니다. 사동사가 아닌 동사일 때는 '-게 하다'를 붙여서 사동 표현으로 만들 수 있습니다.

대부분의 동사 뒤에 사용할 수 있습니다.

사동사로 표현하는 경우는 주어가 직접 하는 경우가 많지만, '-게 하다'로 표현하면 간접적으로(말로만) 하는 경우가 많습니다.

예 엄마가 아이를 **씻기다.**
  》 엄마가 직접 한다는 의미입니다.

예 엄마가 아이를 **씻게 했다.**
   》 엄마가 직접 하는 것이 아니라 말로만 해서 시키는 의미가 있습니다.

윤서야!
손 씻고 와!
밥 먹자!

▶▶ **문장으로 살펴봅시다.**

* **목적어가 '신체의 일부분'일 때**

① **주어+동사**

   • 동생이 울어요. ⇨ 형이 동생을 **울게 해요.**
   • 내가 기다려요. ⇨ 친구가 나를 **기다리게 해요.**
   • 학생이 자리에서 일어나요. ⇨ 선생님이 학생을 자리에서 **일어나게 해요.**

② **주어+목적어+동사**

   • 아이가 책을 읽어요. ⇨ 엄마가 아이에게 책을 **읽게 해요.**
   • 마이클 씨가 노래를 해요. ⇨ 선생님께서 마이클 씨에게 노래를 **하게 해요.**

TOPIK 주의하기

1. '–게 하다'는 '하다'가 있으니까 '–잖아요,–거든요, –아/어서' 등 여러 가지 표현과 함께 사용할 수도 있습니다.

   예 어머니께서 나를 그곳에 들어가지 **못하게 하셨잖아요.**
      할머니께서 나에게 매일 우유를 **먹게 하셔서** 이제 습관이 되었다.

2. '–지 못하게 하다', '못 –게 하다'로 쓰는 경우도 있습니다.

   예 한국어 선생님께서는 수업 시간에 학생들에게 중국어를 **못 하게 하신다.**
      아이가 감기에 걸렸으니까 아이스크림을 **먹지 못하게 하세요.**

3. '–게 하다'를 '–도록 하다'로 바꾸어 쓸 수 있는 경우도 있습니다. TOPIK에서는 이렇게 바꾸어 쓸 수 있는 것을 고르는 문제가 나온 적이 있습니다.

   예 아이가 감기에 걸렸으니까 아이스크림을 **먹지 못하게 하세요.** (= 먹지 못하도록 하세요.)

   하지만 '–도록'은 '–도록 주의하다, 조심하다' 등의 형태로 더 자주 사용하니까 언제나 '–게 하다'와 바꾸어 쓸 수 있는 것은 아닙니다.

 연습하기

다음 표현이 맞으면 ○, 틀리면 × 하십시오.

1. 윤서를 그곳에 가게 하세요.   (   )

2. 마이클 씨! 저를 오래 기다리게 하지 마세요.   (   )

3. 의사 선생님께서 담배를 피우지 못하게 하셨어요.   (   )

목적

[동사] –고자

윤서 씨의 이야기를 듣고자 윤서 씨를 찾아갔다.

마이클 씨는 기숙사의 규칙을 잘 지키고자 노력하였다.

이 회사에서 제 능력을 마음껏 펼치고자 해서 지원했습니다.

한국 문화를 널리 알리고자 하는 마음으로 이 공연을 기획했습니다.

TOPIK 문법 이해하기

'–고자'는 어떤 목적이 있을 때 사용합니다. 앞에는 의도, 목적을 말하고 뒤에는 그 일을 위해서 한 일을 말할 때 '–고자'를 씁니다.

TOPIK 주의하기

1. '–고자' 앞에는 목적을 말해야 하니까 [동사]만 써야 합니다.

   예 이번 주말에는 바쁘고자 열심히 일했어요. (×)

2. '–고자' 앞에는 '–았/었'이나 '–겠'을 쓸 수 없습니다.

   예 한국어를 배웠고자 한국에 왔어요. (×)
   한국어를 배우겠고자 한국에 왔어요. (×)

3. '–고자' 앞과 뒤에는 같은 사람이 와야 합니다.

   예 마이클 씨가 유학을 가고자 내가 노력을 하고 있어요. (×)

4. 보통 '–고자'의 뒤에는 이미 일어난 일을 쓰기 때문에 뒤에 '–(으)세요, –(으)ㅂ시다'를 쓸 수 없습니다.

   예 한국어를 배우고자 한국에 가세요. (×)

5. '-고자'로 말하면 공식적인 느낌이 들고 친구 사이에 말하는 편한 느낌은 조금 적습니다.

6. '-(으)려고'와 비슷해서 바꾸어 쓸 수도 있지만 '-고자'가 훨씬 공식적인 느낌이 있습니다.

> 예 한국어를 **배우고자** 이곳에 왔습니다.
> ⇨ 한국어를 **배우려고** 이곳에 왔습니다.

7. 앞으로의 의도와 계획을 말할 때 '-고자 합니다'로 쓸 수 있습니다. 말하기에서는 보통 발표를 시작할 때 이 표현을 사용합니다.

> 예 오늘 한국 미술의 역사에 대해 **발표하고자 합니다.**

이때도 조금 공식적인 느낌이 있어서 평소 하는 일에 대한 계획을 말할 때 사용하면 어색합니다.

> 예 마이클 씨, 저는 주말에는 쇼핑을 하고자 해요. (?)

'-고자 하다'의 형태를 문장의 중간에 사용하면 역시 목적을 말하는 것이 되니까 주의하세요.

> 예 한국 문화를 **배우고자 하는** 마음으로 태권도를 시작했습니다.
> 한국 문화를 **배우고자 해서** 태권도를 시작했습니다.

 연습하기

다음 표현을 순서대로 활용하여 문장을 완성하십시오.

1. 태권도를 배우다 / 학원에 등록하다

_____

2. 전통문화를 알리다 / 사진전을 기획하다

_____

3. 글쓰기의 중요성을 가르치다 / 이 강좌를 열다

_____

★
[동사] - (으)ㄹ 겸

> 우리 주말에는 바람도 **쐴 겸** 공원에 가자.
>
> 잠도 깨고 잠깐 **쉴 겸** 커피 마시러 갈까요?
>
> 한국어도 **연습할 겸** 한국 문화도 **배울 겸** 해서 동아리에 가입했어요.
>
> 오랜만에 마이클 씨가 왔다고 해서 얼굴도 **볼 겸** 그동안 소식도 **들을 겸** 모임에 가려고 해요.

TOPIK 문법 이해하기

'-(으)ㄹ 겸'은 두 가지 이상의 동작이나 행동을 모두 하려고 하는 의도가 있을 때 사용하는 표현입니다.

TOPIK 주의하기

1. '-(으)ㄹ 겸'은 두 가지 이상의 동작이나 행동을 하려고 할 때 사용하니까 [동사]에만 사용할 수 있고 [형용사]에 쓰면 어색합니다.

   '-(으)ㄹ 겸' 뒤에 나오는 행동의 목적이 '-(으)ㄹ 겸' 앞에 나오는 것입니다.

   예 운동도 **하고** 친구도 **사귈 겸해서** 태권도를 배워요.
   》 태권도를 배우는 목적은 운동과 친구입니다.

2. 이 표현은 '[명사]도 -(으)ㄹ 겸 [명사]도 -(으)ㄹ 겸'의 형식으로 쓸 수 있습니다.
   조사는 '도'를 사용하는 경우가 많으니까 기억하세요.

   예 책도 **읽을 겸** 공부도 **할 겸** 도서관에 갔다 왔어요.

3. '-(으)ㄹ 겸 -(으)ㄹ 겸' 이렇게 두 번 쓸 수도 있습니다.

   예 책도 **볼 겸** 생각도 **정리할 겸** 공원에 갔어요.

4. '-(으)ㄹ 겸해서'의 형태로 쓰기도 합니다.

예 운동도 **할 겸** 돈도 **아낄 겸해서** 학교까지 걸어서 가요.

다음 표현을 순서대로 활용하여 문장을 완성하시오.

1. 쇼핑도 하다 / 친구도 만나다 / 명동에 가다

_____

2. 책도 읽다 / 공부도 하다 / 도서관에 가다

_____

3. 용돈도 벌다 / 경험도 쌓다 / 그 일을 시작하다

_____

[동사] – (으)려면

> 기차를 **타려면** 서둘러서 가야 해요.
>
> 여행을 재미있게 **하려면** 계획을 잘 세워야 해요.
>
> 김밥을 **만들려면** 먼저 재료를 준비하세요.
>
> 경복궁에 **가려면** 여기에서 3호선으로 갈아타세요.

TOPIK 문법 이해하기

'–(으)려면'은 앞의 일을 '하려고 하면'과 앞의 일을 '하기 위해서는'의 두 가지 의미가 있습니다.

'–(으)려면' 앞에는 의도와 목적이 나오지만 그것은 '만약'으로 생각해 보는 것, 즉 가정하는 것입니다.

그리고 '–(으)려면' 뒤에는 앞의 일을 하기 위해서 해야 하는 일이 나옵니다.

TOPIK 주의하기

1. '–(으)려면' 앞에는 어떤 목적이 나와야 하니까 [동사]만 쓸 수 있습니다.

   예 윤서는 예쁘려면 세수를 했다. (×)

   받침이 있으면 '–으려면', 받침이 없으면 '–려면'을 쓰세요. 예 먹으려면 / 가려면
   하지만 받침 'ㄹ'의 경우는 '–려면'을 써야 합니다. 예 만들려면 / 살려면

2. '–(으)려면' 앞에는 '–았/었', '–겠'을 사용할 수 없습니다.

   예 한국어를 공부했으려면 한국에 가야 한다. (×)
   　 한국어를 공부하겠으면 한국에 가야 한다. (×)

'–(으)면'에는 '만약'의 의미가 들어있어서 '–(으)려면' 앞에는 이미 일어난 일을 쓸 수 없습니다.

3. '–(으)려면' 뒤에는 '–(으)세요, –아/어야 해요'가 자주 나옵니다.

　예 유행하는 옷을 **사려면** 동대문 시장에 가 보세요.

그리고 '–(으)려면' 뒤에는 '–이/가 필요하다'를 쓸 수도 있습니다.

　예 김밥을 **만들려면** 우선 재료가 필요해요.

4. '–(으)려면' 뒤에는 보통 일반적인 내용이 나오는 경우가 많습니다.

　예 은행에서 돈을 **찾으려면** 카드나 통장이 있어야 해요.

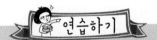

다음 표현을 순서대로 활용하여 문장을 완성하십시오.

1. 도서관에서 책을 빌리다 / 학생증이 있다

_____

2. 약속 시간에 늦지 않다 / 서두르다

_____

3. 그 집에서 살다 / 많은 돈이 필요하다

_____

047

[명사] 에 비해(서)

> 마이클 씨는 **말하기에 비해(서)** 쓰기를 잘 못해요.
>
> 이 제품은 **기능에 비해(서)** 값이 저렴하다.
>
> 이번에 새로 나온 휴대 전화는 기존 **제품에 비해(서)** 기능이 더 많아졌다.
>
> 한국의 **여름에 비해(서)** 우리 고향의 여름이 더 더워요.

TOPIK 문법 이해하기

'에 비해(서)'는 비교할 때 사용하는 표현입니다.

TOPIK 주의하기

1. '에 비해(서)' 앞에는 [명사]만 사용할 수 있습니다. 그리고 보통 '에 비해(서)' 앞에 나오는 명
   사가 비교 기준이 됩니다.

   📝 지난 **시험에 비해서** 이번 시험이 좀 쉬웠어요.

   　 그 아이는 **나이에 비해** 생각이 깊고 어른스럽다.

다음 표현을 순서대로 활용하여 문장을 완성하십시오.

1. 윤서 씨 / 나이 / 젊어 보이다

   _____

2. 이 제품 / 값 / 질 / 좋지 않다

   _____

3. 마이클 씨 / 작년 / 살이 찌다

   _____

[동사] – 아/어/여 놓다

수업 중이니까 휴대 전화를 꺼 놓으세요.

방학 계획을 미리 세워 놓았다.

주말에 볼 영화 표를 예매해 놓았다.

가족끼리 찍은 사진을 벽에 걸어 놓았다.

TOPIK 문법 이해하기

'–아/어 놓다'는 어떤 일이 일어난 후 그것이 계속될 때 사용합니다.
어떤 행동을 한 후에 그 상태가 계속되는 것입니다.

예 벽에 사진을 **걸어 놓았어요.**

> 사진을 거는 행동은 끝났고 그 상태만 계속된다는 의미가 있습니다.

TOPIK 주의하기

1. [동사]와 사용하세요. [형용사]와 함께 사용할 수 없습니다.

   예 요즘 바빠 놓았어요. (×)

2. '–아/어 놓다'는 어떤 행동을 한 후에 그 상태가 지속되는 것입니다.

   예 문을 **열어 놓았어요.**

   > 문은 연 후 그 상태 그대로 있다는 의미입니다.

그래서 주로 '걸다, 열다, 닫다, 쓰다, 만들다, 켜다, 끄다' 등과 같이 '을/를'이 필요한 동사와 같이 많이 씁니다.

例 문을 **열어 놓아요.** / 문을 **닫아 놓아요.**
　　전화번호를 **써 놓는다.**
　　음식을 **만들어 놓는다.**
　　불을 **켜 놓아요.** / 불을 **꺼 놓아요.**

'잠그다'는 '잠가 놓다'로 써야 하니까 조심하세요!

그리고 '예매하다, 외우다, 준비하다, 사다' 등의 동사와 함께 사용할 수도 있습니다.

例 표를 미리 **예매해 놓았다.**
　　단어를 **외워 놓는다.**
　　손님이 오니까 음식을 **준비해 놓았다.**
　　선물을 미리 **사 놓았다.**

하지만 '-아/어 놓다'는 '놓다'와는 함께 쓰지 않습니다.

例 꽃병을 놓아 놓아요. (×)

그리고 '입다, 신다, (모자를) 쓰다' 등의 동사와도 같이 쓰지 않습니다.

例 옷을 미리 입어 놓아요. (×)

3. '-아/어 놓다'는 '놓으세요, 놓았다, 놓았거든요, 놓은 모양이다' 등과 같은 표현으로도 사용할 수 있습니다.

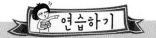
연습하기

다음 표현을 순서대로 활용하여 문장을 완성하십시오.

1. 날씨 / 덥다 / 에어컨 / 켜다

_____

2. 냄새 / 나다 / 창문 / 열다

_____

3. 마이클 씨 생일 / 선물 / 미리 준비하다

_____

[동사] – (으)ㄴ 채(로) ★★

> 너무 피곤해서 화장을 **지우지 않은 채로** 잠이 들었다.
>
> 화장실이 너무 급해서 신발을 **신은 채로** 집에 들어갔다.
>
> 윤서는 그 사실을 **모른 채로** 학교에 갔다.
>
> 창문을 **열어 놓은 채로** 잠을 자서 감기에 걸렸어요.

TOPIK 문법 이해하기

'–(으)ㄴ 채로'는 앞의 행동이나 모습, 상태가 계속되는 상황에서 뒤에 다른 행동을 할 때 사용합니다.

예 창문을 **열어 놓은 채로** 외출했다.
   》 창문을 열어 놓은 상태로 외출했다는 의미가 있습니다.

TOPIK 주의하기

1. '–(으)ㄴ 채로' 앞의 일은 이미 일어난 일이어서 과거의 형태를 써야 합니다.
   또한 어떤 행동을 한 후에 다른 행동을 하는 것이니까 [동사]만 사용할 수 있습니다.
   예 옷을 **입은 채로** 수영을 했다.

   하지만 어떤 행동을 한 후에 그 상태가 계속되어야 합니다. 그래서 '가다, 오다' 등의 동사와는 같이 사용하지 않습니다.
   예 학교에 간 채로 공부를 했다. (×)

2. '–(으)ㄴ 채로'에서 '로'를 말하지 않아도 됩니다.
   예 옷을 **입은 채** 수영을 했다.

3. '-아/어 놓다'와 같이 써서 '-아/어 놓은 채로'의 형태로 자주 사용합니다.

  예 불을 모두 **켜 놓은 채로** 외출했어요.

  하지만 '입다, (모자를) 쓰다, 신다' 등의 동사는 '-아/어 놓다'와 같이 쓸 수 없으니까 조심하세요!

  예 신발을 신어 놓은 채로 집에 들어갔다. (×)
    신발을 **신은 채로** 집에 들어갔다. (○)

4. 당연한 일을 쓰면 좀 어색할 수 있습니다.

  예 가스 불을 켠 채로 요리를 했어요. (×)

5. 보통 '-(으)ㄴ 채로'와 '-고'를 바꾸어 사용할 수 있습니다. TOPIK 시험에도 바꾸어 쓰는 문제가 가끔 나왔습니다. 하지만 '-(으)ㄴ 채로'가 '-고' 보다 상황이 계속되는 느낌이 더 있습니다.

  예 창문을 **열어 놓은 채로** 나왔어요. (= 창문을 **열어 놓고** 나왔어요.)

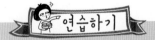

다음 표현을 순서대로 활용하여 문장을 완성하십시오.

1. 아침을 못 먹다 / 공부하다 / 배가 고프다

_____

2. 마이클 씨 / 늦다 / 씻지 않다 / 출근하다

_____

3. 마이클 씨 / 피곤하다 / 옷을 입다 / 잠을 자다

_____

050 [동사] – 아/어/여 두다

> 모르는 단어는 미리 사전을 찾아 두면 수업을 들을 때 편해요.
>
> 오후에 모임이 있어서 음식을 준비해 두었어요.
>
> 고향에 가는 표를 미리 예매해 두어야 해요.
>
> 수업에 필요한 책은 미리 사 두세요.

TOPIK 문법 이해하기

'–아/어 두다'는 어떤 일이 일어난 후 그것이 계속될 때 사용합니다.

어떤 행동을 한 후에 그 상태가 계속되는 것인데 '–아/어 놓다'와 의미가 비슷하기 때문에 바꾸어 사용할 수 있습니다.

TOPIK 주의하기

1. **[동사]와 함께 사용하세요. 형용사와는 함께 사용할 수 없습니다.**

   예 요즘 봄이라서 꽃이 예뻐 두어요. (×)

2. **대부분 '을/를'이 필요한 동사와 함께 사용할 수 있습니다. 하지만 '–아/어 놓다'와 마찬가지로 '입다, 신다, (모자를) 쓰다' 등의 동사와는 같이 쓰지 않습니다.**

   예 옷을 미리 입어 두어요. (×)

3. **'–아/어 두다'는 '두세요, 두었다, 두었거든요, 둔 모양이다, 두려고요' 등과 같은 표현으로도 사용할 수 있습니다.**

   예 윤서가 너에게 편지를 **써 둔** 모양이다.

4. '-아/어 두다'와 '-아/어 놓다'의 의미가 비슷해서 바꾸어 사용할 수 있습니다. 하지만 '-아/어 놓다'보다 '-아/어 두다'가 그 일을 하고 난 후 계속되는 시간이 좀 더 길어서 무언가 '보관하다'처럼 오랫동안 두어야 하는 일이 있으면 '-아/어 두다'를 사용합니다.

예 문을 잠깐 **열어 놓았어요.**

우유는 냉장고에 **넣어 두세요.**

5분 후에 시험을 볼 테니까 단어를 빨리 **외워 놓으세요.**
다음 주에 시험을 보니까 미리 단어를 **외워 두세요.**

그리고 '-아/어 두다'는 '놓다'와 같이 사용해서 '놓아 두다'로 쓸 수 있습니다.

예 꽃병을 여기에 **놓아 두었어요.**

하지만 '-아/어 놓다'는 '두다'와 같이 사용할 수 없습니다.

예 꽃병은 여기에 두어 놓아요. (×)

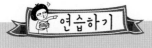

연습하기

다음 표현을 순서대로 활용하여 문장을 완성하십시오.

1. 방학 / 배우다 / 문법 / 공부하다

_____

2. 친구 / 주다 / 음식 / 미리 / 만들다

_____

3. 여름 / 가다 / 여행 계획 / 미리 / 세우다

_____

[동사] – 아/어/여 오다/가다

10년 동안 잘 **지내 왔는데** 갑자기 헤어진 이유가 뭐야?

우리 회사는 지금까지 발전하기 위해 **노력해 왔고**, 그 노력 덕분에 앞으로 더욱 발전할 것입니다.

윤서는 자라면서 점점 아빠를 **닮아 가는** 것 같아요.

교통사고로 병원에 입원하신 할머니께서 점점 **회복되어 가고** 계십니다.

TOPIK 문법 이해하기

'–아/어 오다'는 과거부터 지금까지 어떤 행동, 상태가 계속될 때 사용합니다.

예 이것은 제가 어릴 때부터 **사용해 오던** 물건입니다.

'–아/어 가다'는 현재의 어떤 행동이나 상태가 앞으로 미래까지 계속될 때 사용합니다.

예 앞으로 우리 회사는 더욱 **발전해 갈 것입니다.**

TOPIK 주의하기

1. [동사]와 사용하세요. [형용사]는 함께 사용할 수 없습니다.

   예 지난주부터 계속 바빠 왔습니다. (×)

2. '–아/어 오다'는 과거부터 지금까지 상태가 유지되는 상황에 사용할 수 있다고 했는데 보통 그 상태를 유지하는 시간이 길 때 사용합니다.

   예 10분 전부터 읽어 오던 나의 책 (×)
      저는 5년 전부터 꾸준히 한국어를 **공부해 왔습니다.** (○)

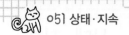

'-아/어 가다'도 짧은 시간 계속될 때는 사용할 수 없습니다.

예 내일부터 꾸준히 아침을 먹어 갈 거예요. (×)

　　앞으로 더욱 열심히 **살아갈 것입니다.** (○)

다음 표현을 순서대로 활용하여 문장을 완성하십시오.

1. 마이클 씨 / 이 회사 / 30년 동안 / 일하다

　_____

2. 경제 / 점점 / 회복되다

　_____

3. 날이 밝다 / 집에 갈 준비를 하다

　_____

★★★

[동사] – 아/어/여 있다

벽에 가족사진이 걸려 있다.

문이 열려 있는 걸 보니 누군가 들어왔나 봐요.

하루 종일 서 있었더니 너무 힘들어요.

윤서 씨는 지금 부산에 가 있다고 해요.

TOPIK 문법 이해하기

'–아/어 있다'는 어떤 일이 생긴 후에 그 상태, 모습, 상황이 계속될 때 사용합니다.

TOPIK 주의하기

1. '–아/어 있다'는 [동사]와 함께 쓰는데 주로 목적어가 필요 없는 동사와 같이 씁니다.
   예 마이클 씨는 공원 의자에 **앉아 있다**.

   그래서 '이/가 –아/어 있다'로 쓰는 경우가 많습니다.

2. 피동사와 같이 쓰는 경우가 많습니다.
   예 문이 **닫혀 있다**.
   옷이 **걸려 있다**.

3. 이 표현은 '입다, (모자를) 쓰다, (신발을) 신다' 등과 같은 동사와 사용하면 안 됩니다.
   또 '먹다, 공부하다'와 같은 동사와도 사용하지 않습니다.
   예 밥을 먹어 있다. (×)

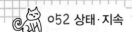

'먹다, 공부하다'와 같은 동사들은 '-고 있다'와 함께 사용하면 됩니다. '-고 있다'는 일이 계속 진행될 때, 그 일을 지금 하는 중일 때 사용합니다.

📖 밥을 **먹고 있어요.**

　》 계속 밥을 먹는 중입니다.

옷을 **입고 있어요.**

　》 옷을 계속 입는 중입니다. 또는 옷을 입은 후 모습이 그대로입니다.

다음 표현을 순서대로 활용하여 문장을 완성하십시오.

1. 책상 위 / 신문 / 놓이다

　_____

2. 문 / 잠기다 / 들어갈 수 없다

　_____

3. 칠판 / 내 이름 / 쓰이다

　_____

★★★
[동사] - 든지

밥을 **먹든지** 빵을 **먹든지** 나는 상관없으니까 네 마음대로 해.

주말에는 영화를 **보든지** 공원에 **가든지** 합시다.

시간을 그냥 보내지 말고 책을 **읽든지** 하세요.

벌써 8시야. 학교에 늦겠네. **일어나든지 말든지** 네 마음대로 해.

TOPIK 문법 이해하기

'-든지 -든지'는 두 가지 중에서 선택할 때 사용합니다.

두 가지 동작이나 상태, 대상 중에서 어느 것이나 선택될 수 있다는 의미가 있는데 두 가지 중 어느 것이 선택되어도 특별히 차이가 없을 때 사용합니다.

TOPIK 주의하기

1. '-든지 -든지'는 '-든지'를 한 번만 쓸 수도 있습니다. 그리고 주로 [동사]와 함께 사용하는 경우가 많습니다.

   예 많이 힘들어 보이는데 좀 **쉬든지** 하세요.

2. [형용사]를 사용하면 의미가 조금 달라집니다. [형용사]가 있으면 무엇을 선택해도 영향을 주지 않는다는 의미가 있습니다.

   예 그 책은 꼭 필요한 것이니까 **비싸든지 싸든지** 살 거예요.
   ≫ 비싸도, 싸도 꼭 살 것이라는 의미입니다.

   중급에서는 주로 [동사]와 많이 쓰이는 '-든지'가 나옵니다.

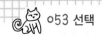

3. '-든지 -든지' 뒤에는 보통 '하다'를 쓰면 자연스럽습니다. 그리고 '하세요, 합시다'와 같이 쓰는 경우도 많습니다. '-(으)면 좋다'와 같은 표현을 쓸 수도 있습니다.

> 예 주말에는 명동에 **가든지** 남산에 **가든지** 합시다.
> 약속 시간에 못 오면 미리 전화를 **하든지** 문자를 **보내든지** 해야지요.
> 너무 피곤하면 샤워를 **하든지** 잠깐 눈을 **붙이든지** 하세요.

4. 말하는 사람은 관계없으니까 듣는 사람의 마음대로 선택해도 괜찮다는 의미가 있습니다.

> 예 저는 괜찮으니까 **영화를 보든지 밥을 먹든지** 마이클 씨가 하고 싶은 대로 하세요.

5. 미래를 나타내는 '-겠-'과 함께 쓰면 틀린 문장이 되니까 같이 쓰지 마세요.

> 예 내일은 친구를 만나겠든지 커피숍에 가겠든지 할 거예요. (×)

6. '-든지 말든지'로도 사용할 수 있습니다. 역시 두 가지 중에 무엇을 선택해도 상관없다는 의미가 있지만 웃어른께는 사용하면 예의가 없다고 오해받을 수 있으니 사용하지 마세요. 말하는 사람이 그 말을 듣는 사람의 행동 때문에 조금 기분 나쁜 감정을 표현하기 때문입니다.

> 예 거기에 **가든지 말든지** 마음대로 해.
> 윤서가 공부를 **하든지 말든지** 신경 쓰지 마세요.

7. [명사]와 같이 쓰는 경우에는 '(이)든지'를 사용하면 됩니다.

> 예 **빵이든지 밥이든지** 좀 먹었으면 좋겠어요.

하지만 '언제, 어디, 누구' 등의 의문사와 함께 사용하는 경우도 많으니까 기억하세요.

언제든지	언제든지 괜찮으니까 오세요.
누구든지	이 대회에는 누구든지 참가할 수 있어요.
어디든지	너와 함께라면 어디든지 갈 수 있어.
어떻게든지	그 일을 어떻게든지 오늘까지 끝내야 해요.
얼마든지	음식은 많으니까 얼마든지 드세요.
무엇이든지	궁금한 것이 있으면 무엇이든지 물어보세요.

8. '-든지'는 '-거나'와 바꾸어 쓸 수 있습니다.

> 예 윤서 씨에게 이메일을 **보내든지** 전화를 **하든지** 해서 알려 주어야 해요.
> ≒ 윤서 씨에게 이메일을 **보내거나** 전화를 **하거나** 해서 알려 주어야 해요.

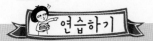 연습하기

다음 표현을 순서대로 활용하여 문장을 완성하십시오.

1. 아플 때 / 병원에 가다 / 약을 먹다 / 하다

_____

2. 심심할 때 / 영화를 보다 / 책을 읽다 / 하다

_____

3. 아들 / 딸 / 둘 다 좋다

_____

03

04

054

[명사] 을/를 통해(서)

친구를 통해서 그 사람의 결혼 소식을 알게 되었어요.

홈페이지를 통해 합격자를 발표한다고 합니다.

이번 일을 통해서 친구의 소중함을 알게 되었다.

김 교수님의 강연을 통해서 인생에 대해 다시 한 번 생각해 보게 되었어요.

TOPIK 문법 이해하기

[명사]를 '방법, 수단으로 해서'라는 뜻입니다.

TOPIK 주의하기

1. 앞에는 언제나 [명사]를 쓰는데, 받침이 있으면 '을 통해서' 받침이 없으면 '를 통해서'를 써야 합니다.

   예 이번 문화 활동을 통해서 한국 문화에 대해 더 자세히 알게 되었다.
   우리 가족은 언제나 대화를 통해서 모든 일을 결정한다.

   '을/를 통해서'를 '을/를 통해'로 말할 수 있습니다.

2. 앞에 오는 [명사]는 무엇이나 다 사용할 수 있는 것은 아닙니다.
   ① '친구, 선생님'과 같은 사람
      예 마이클 씨는 선생님을 통해서 한국 친구를 알게 되었어요.
   ② '회사, 여행사'와 같은 회사
      예 이번 여행 일정은 여행사를 통해서 알려 드리겠습니다.
   ③ '텔레비전, 라디오, 인터넷'과 같은 단어
      예 텔레비전을 통해 대회의 시상식을 봤다.

④ '강의, 대화'와 같은 말

> **예** 그 **강의를 통해서** 한국 문화에 대해 알 수 있었다.

⑤ '오디션, 대회'와 같은 단어

> **예** 그 가수는 **오디션을 통해** 선발되었다고 한다.

⑥ '경험, 일'과 같은 단어

> **예** 이번 **일을 통해서** 그 친구를 다시 보게 되었다.

이렇게 수단, 방법으로 이용할 수 있는 명사가 대부분입니다.

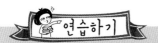 연습하기

다음 표현을 순서대로 활용하여 문장을 완성하십시오.

1. 문제 / 생기다 / 대화 / 해결하다

_____

2. 친구 / 그 가수 / 알게 되다

_____

3. 이번 일 / 가족의 소중함 / 느끼게 되다

_____

순서

★
[동사] − 다가

> 공부하다가 모르는 것이 있으면 연락하세요.
>
> 이쪽으로 가다가 사거리에서 오른쪽으로 가면 도서관이 나와요.
>
> 어제 학교에 오다가 친구를 만났어요.
>
> 어제 책을 보다가 잤어요.

TOPIK 문법 이해하기

순서를 말하는 '−다가'는 어떤 일을 하고 있는데 그 일을 멈추고 다른 일을 할 때 사용합니다.

예 공부를 **하다가** 전화를 받아요.
  ≫ 공부를 하고 있는데 전화가 와서 전화를 받았다는 의미입니다.

그리고 또 다른 의미가 있습니다. 어떤 일을 계속 하면서 다른 일을 할 때 사용합니다.

예 지하철을 타고 집에 **가다가** 친구를 만났어요.
  ≫ 지하철을 타고 집에 가고 있는데 가면서 친구를 만났다는 의미입니다.

'−다가'는 앞에는 계속 하고 있는 일을 쓰고, 뒤에는 잠시 그 일을 멈추고 다른 일을 하거나 그 일을 하면서 다른 일을 할 때 사용합니다.

TOPIK 주의하기

1. '−다가'는 [동사] 뒤에서만 사용합니다.
  예 바쁘다가 집에 가요. (×)

2. '-다가' 앞과 뒤는 같은 사람이어야 합니다.

　　예 학교에 **가다가** 친구를 만났어요.

　　》 내가 학교에 가고 내가 친구를 만났다는 의미입니다.

3. '-다가' 앞에는 과거를 쓰면 안 됩니다. 의미가 다른 표현이 됩니다.

　　예 텔레비전을 봤다가 책을 읽어요. (×)

　과거의 일은 '-다가' 이후에 말하세요.

　　예 텔레비전을 **보다가** 잤어요.

4. '가다가', '오다가'는 '가는 길에', '오는 길에'와 바꾸어 쓸 수 있습니다.
　'-는 길에'는 '하는 도중에'라는 의미가 있기 때문입니다.

　　예 학교에 **가다가** 친구를 만났어요.

　　= 학교에 **가는 길에** 친구를 만났어요.

　하지만 다른 동사일 때는 바꾸어 사용하면 이상할 수도 있으니까 주의하세요.

5. 모양이 비슷한 문법이 많습니다. 하지만 의미가 다르니까 혼동하지 마세요!

　① -아/어다가 : 앞에서 한 일을 가지고 다른 곳에 가서 다른 일을 한다는 의미입니다.
　　　　　　　　(099 참고)

　　예 도서관에서 책을 **빌려다가** 읽어요.
　　　편의점에서 주스를 **사다가** 마셨다.
　　　동생을 유치원에 **데려다가** 주었다.

　② -았/었다가 : '-다가'와 다른 문법인데 앞의 일이 모두 끝난 후에 다른 일을 한다는 의미
　　　　　　　　입니다. (065 참고)

　　예 학교에 **갔다가** 친구를 만났어요.

　　》 학교에 도착한 후에 그곳에서 친구를 만났다는 의미입니다.

　③ -다가는 : 앞의 일을 계속 하면 뒤에 나쁜 결과가 생길 거라는 의미입니다. (072 참고)

　　예 그렇게 담배를 **피우다가는** 건강이 나빠질 거예요.

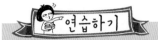

다음 표현을 순서대로 활용하여 문장을 완성하십시오.

1. 책을 읽다 / 잠이 들다

_____

2. 청소를 하다 / 어릴 때 가지고 놀던 장난감을 찾다

_____

3. 명동에 가다 / 선생님을 만나다

_____

순서

056
[동사] - 자마자

윤서는 학교에서 **돌아오자마자** 손을 씻어요.

아침에 **일어나자마자** 물을 한 잔 마셔요.

너무 피곤해서 집에 **가자마자** 잤어요.

일본에 **도착하자마자** 전화하세요.

TOPIK 문법 이해하기

'-자마자'는 앞의 일이 끝난 후에 바로 뒤의 일을 하거나 다른 일이 있을 때 사용합니다.

'-자마자' 앞과 뒤의 시간은 차이가 많지 않습니다. 짧은 시간 후에 뒤의 일을 하거나 다른 일이 있습니다.

'-자마자' 앞의 일이 먼저 일어나고 뒤의 일이 나중에 일어나는 일이니까 순서를 바꿔서 쓰지 않아야 합니다.

TOPIK 주의하기

1. **'-자마자' 앞에는 [동사]만 사용하세요!**
   예 우리 선생님은 바쁘자마자 집에 가요. (×)

2. **'-자마자' 앞에는 과거나 미래의 형태를 사용하지 마세요!**
   예 집에 갔자마자 빨래도 했다. (×)
   집에 가겠자마자 손을 씻을 거예요. (×)

3. **'-자마자' 앞에는 부정을 사용하지 않습니다.**
   예 집에 안 가자마자 친구와 놀아요. (×)

4. '–자마자' 뒤에는 과거, 현재, 미래, 어떤 형태도 괜찮습니다.

> 예 집에 **가자마자** 밥을 먹었다.
>
> 밥을 먹는다.
>
> 밥을 먹을 거예요.
>
> 밥을 먹읍시다.
>
> 밥을 드세요.
>
> 무엇을 해요?

5. '–자마자' 앞과 뒤에는 시간의 차이가 별로 없지만 100% 동시에 일어나는 일이나 결과적으로 생기는 일에는 거의 사용하지 않습니다.

> 예 아이가 다치자마자 울어요. (×)
>
> 》 '다쳐서 우는' 것이 결과의 느낌이 있습니다.

6. '–자마자'는 '–는 대로'와 바꾸어 쓸 수 있습니다. '–는 대로'를 설명할 때 잠깐 설명한 적이 있는데 앞에서 말한 대로 TOPIK 시험에는 두 표현을 바꾸어 쓰는 문제가 자주 나왔습니다.

> 예 고향에 **도착하자마자** 전화해 주세요.
>
> = **도착하는 대로**

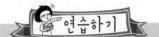
연습하기

다음 표현을 순서대로 활용하여 문장을 완성하십시오.

1. 피곤하다 / 집에 가다 / 침대에 눕다

　　　　　　　　　　　　　　　　　　　　

2. 졸업하다 / 취직하다

　　　　　　　　　　　　　　　　　　　　

3. 수업 / 끝나다 / 무엇 / 하다

★★★
[동사] – (으)나 마나

마이클 씨는 요즘 바쁘니까 물어보나 마나 파티에 못 올 거예요.

5시가 넘었으니까 지금 가 보나 마나 은행 문은 닫았을 거예요.

마이클 씨는 매일 놀기만 하네요. 보나 마나 시험에 떨어질 거예요.

윤서 씨는 요리 솜씨가 좋으니까 이 요리도 먹어 보나 마나 맛있을 거예요.

(TOPIK) 문법 이해하기

'–(으)나 마나'는 앞의 일을 해도 뒤의 결과는 달라지지 않을 것이라는 의미, 즉 소용 없다는 의미가 있습니다.

'–(으)나 마나' 뒤의 결과는 말하는 사람의 추측이지만 그 결과가 조금 확실할 때 말 합니다.

예 윤서 씨는 쇼핑하는 것을 좋아하니까 **물어보나 마나** 지금 명동에서 쇼핑하고 있을 거야.

(TOPIK) 주의하기

1. '–(으)나 마나'는 [동사]와 같이 쓰는데 뒤에 오는 결과는 좋은 결과, 안 좋은 결과 모두 올 수 있습니다. 뒤에는 '–(으)ㄹ 것 같아요. (으)ㄹ 거예요'를 많이 씁니다.

   예 **물어보나 마나** 이번 시험에는 합격일 거야.
   부탁하나 마나 그 사람은 들어주지 않을 거야.

2. '–(으)나 마나' 앞에는 '–아/어 보다'와 같이 사용되는 경우가 많습니다.

   예 가 보나 마나 / 읽어 보나 마나 / 물어보나 마나 / 해 보나 마나

3. '–(으)나 마나'는 '–(으)나 마나이다'의 형태로도 사용할 수 있습니다.

> 예 마이클 씨는 요즘 바빠요. 그러니까 **물어보나 마나예요.**

4. '–(으)나 마나'는 [동사]와 같이 쓸 수 있지만 '실망하다, 잊어버리다'처럼 느낌이 안 좋은 동사와는 쓰지 않습니다.

> 예 전화번호를 잊어버리나 마나 기억 못 할 거예요. (×)

5. '–(으)나 마나' 앞에 '안', '못'을 쓰지 않습니다.

> 예 거기 안 가나 마나 안 갈 거예요. (×)
> 그 책은 못 읽으나 마나예요. (×)

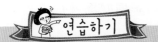

다음 표현을 순서대로 활용하여 문장을 완성하십시오.

1. 수업 중 / 전화하다 / 윤서 씨는 전화를 받지 않다

_____

2. 윤서 씨는 어제 새벽까지 일하다 / 보다 / 지금도 자고 있다

_____

3. 이 책의 제목을 보다 / 읽다 / 재미없다

_____

양보

★★★ [동사] [형용사] - 더라도

> 내일 비가 **오더라도** 계획대로 여행을 떠납시다.
>
> 꼭 가고 싶으니까 제가 좀 **늦더라도** 기다려 주세요.
>
> 일이 **어렵더라도** 포기하면 안 돼요.
>
> **힘들더라도** 이 일을 오늘 다 합시다.

TOPIK 문법 이해하기

'-더라도'는 앞의 일이 있지만 뒤의 상황에는 영향을 주지 않을 때 사용합니다.
그냥 뒤에 일을 할 것이고, 변하지 않을 것이라는 의미입니다.

TOPIK 주의하기

1. 우선 형태를 살펴봅시다.

[동사][형용사] • 과거 : -았/었더라도   • 현재 : -더라도

        예 먹었더라도   예 먹더라도

             갔더라도   가더라도

            바빴더라도   바쁘더라도

            좋았더라도   좋더라도

[명사] • 과거 : 이었/였더라도   • 현재 : (이)더라도

       예 학생이었더라도   예 학생이더라도

            가수였더라도   가수더라도

2. '-더라도'로 말하면 일어날 가능성이 조금 적은 느낌이 있습니다.

    예 내일 비가 **오더라도** 거기에 갈 거예요.

      » 비가 올 수도 있지만 그 가능성은 좀 적은 편입니다.

3. '-아/어도'와 비슷해서 바꾸어 쓸 수 있습니다. 바꾸어 쓰는 문제가 TOPIK 시험에도 나온 적이 있습니다.

> 예 가격이 조금 **비싸더라도** 좋은 회사의 제품을 사는 게 어때요?
>   =**비싸도**

하지만 차이점도 있습니다. '-아/어도'는 이미 일어난 상황에도 사용할 수 있지만 '-더라도'는 아직 일어나지 않은 상황에 더 많이 사용합니다. 그리고 '-더라도'가 '-아/어도' 보다 더 강조하는 느낌이 있습니다.

> 예 이미 책을 읽었는데 내용을 모르는 상황
> ⇨ 이 책은 아무리 **읽어도** 모르겠어요. (○)
>   이 책을 아무리 읽더라도 모르겠어요. (×)

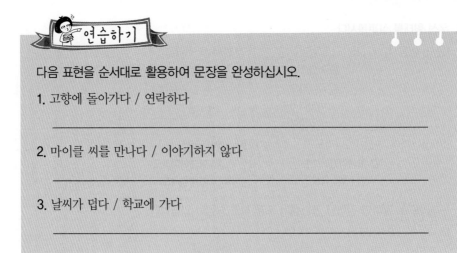

연습하기

다음 표현을 순서대로 활용하여 문장을 완성하십시오.

1. 고향에 돌아가다 / 연락하다
   _____

2. 마이클 씨를 만나다 / 이야기하지 않다
   _____

3. 날씨가 덥다 / 학교에 가다
   _____

양보

[동사] / [형용사]
– 아/어/여 봤자

부모님께 여행 가겠다고 말하고 싶지만 말해 봤자 허락해 주시지 않을 거야.

약속 시간은 1시인데 지금은 12시 30분이네. 지금 가 봤자 늦을 거야.

마이클은 요즘 바쁘다고 했으니까 전화해 봤자 모임에 안 올 거야.

식당 음식이 비싸 봤자 얼마나 비싸겠어요?

그 사람이 예뻐 봤자 얼마나 예쁘겠어요?

TOPIK **문법 이해하기**

'–아/어 봤자'는 어떤 일을 해도 소용이 없다는 의미가 있습니다.
즉, '–아/어 봤자' 앞의 일을 해도 결과는 그렇게 달라지지 않을 거라고 생각하면서
말하는 표현입니다.

TOPIK **주의하기**

1. '–아/어 봤자' 뒤에는 '–(으)ㄹ 거예요'와 같은 추측의 표현을 많이 사용합니다.
   예 지금 **말해 봤자** 들어주지 **않을 거예요.**

   그리고 '–아/어 봤자 소용없어요(소용없을 거예요)'의 형태로도 많이 사용합니다.
   예 지금 **말해 봤자 소용없을 거예요.**

2. '–아/어 봤자' 앞에 과거를 쓰지 마세요!
   예 청소를 **했 봤자** 깨끗해지지 않을 거예요. (×)

과거를 말하고 싶으면 뒤에서 쓰세요. 뒤에 '-았/었을 거예요'처럼 과거의 상황을 추측하는 표현을 사용하면 됩니다.

예 아침을 **먹어 봤자** 지금 또 배가 **고팠을 거예요.**
부모님께 용돈을 올려달라고 **말해 봤자** 올려주시지 **않았을 거예요.**

하지만 뒤에 추측하는 표현 없이 과거만 쓰면 안 됩니다!

예 지금 가 봤자 아무도 없었다. (×)

3. '-아/어 봤자' 뒤에는 '-(으)세요, -(으)ㅂ시다'를 사용하지 마세요.

예 말해 봤자 들어주지 마세요. (×)

4. '-아/어 봤자'는 그 일을 해도 소용이 없다는 의미가 있기 때문에 웃어른께 사용하면 예의가 없다고 생각할 수 있습니다.

예 선생님, **설명해 봤자** 소용없어요.
≫ 문법상 맞지만 상황이 좀 자연스럽지 않습니다.

5. TOPIK 시험에서는 '[동사] -아/어 봤자'와 바꾸어 쓸 수 있는 표현으로 '-아/어도'가 많이 나옵니다.
하지만 '[동사]-아/어 봤자'는 그 일을 해도 소용없다고 생각하는 상황에 많이 쓰기 때문에 '-아/어도'와 바꾸어 쓸 수 없을 때도 있습니다.

예 비가 와도 학교에 가야 해요. (○)
비가 와 봤자 학교에 가야 해요. (×)

6. '-아/어 봤자'가 '소용이 없다'는 의미일 때는 주로 '-아/어 봤자' 앞에 [동사]를 많이 사용합니다.
그런데 '-아/어 봤자'에 '그렇게 대단하지 않다'는 의미가 있을 때에는 [형용사]를 사용합니다.

예 사람이 **많아 봤자** 얼마나 많겠어요?
≫ 별로 많지 않을 거라는 의미입니다.

그 영화가 **재미있어 봤자** 얼마나 재미있겠어요?
≫ 별로 재미없을 거라는 의미입니다.

하지만 [동사]에 '-아/어 봤자'를 써서 '그렇게 대단하지 않다'의 의미를 나타낼 때도 있습니다.

예 그 아이가 **먹어 봤자** 얼마나 먹겠어요?
≫ 별로 많이 먹지 않을 거라는 의미입니다.

중급 시험에서는 '소용없다'는 의미의 '-아/어 봤자'가 더 자주 나옵니다.

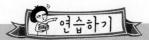 연습하기

다음 표현을 순서대로 활용하여 문장을 완성하십시오.

1. 밤 / 새우다 / 그 일 / 끝낼 수 없다

_____

2. 설명하다 / 이해할 수 없다

_____

3. 열심히 준비하다 / 소용없다

_____

03

04

양보

[동사] [형용사] – 아/어/여도

아무리 불러도 마이클 씨가 대답하지 않아요. 못 들었나 봐요.

이 책은 너무 어려워서 아무리 **읽어도** 이해할 수 없어요.

비가 많이 **와도** 학교에 가야 해요.

아무리 **바빠도** 식사는 꼭 해야 해요.

TOPIK 문법 이해하기

'–아/어도'는 '–더라도'와 마찬가지로 앞의 일이 있지만 뒤의 상황에는 영향을 주지 않을 때 사용합니다.

TOPIK 주의하기

1. 우선 형태를 봅시다.

[동사][형용사] –아도/어도 예 가도 / 먹어도 / 바빠도 / 좋아도 / 공부해도 / 와도

[명사] 이어도/여도 예 학생이어도 / 가수여도

2. '아무리'라는 부사와 같이 사용해서 의미를 강조하기도 합니다.

예 아무리 약을 **먹어도** 감기가 낫지 않네요.
아무리 **바빠도** 고향에 계신 부모님께 전화는 해야 해요.

3. '–아/어도'와 '–더라도'는 의미가 비슷해서 바꾸어 쓸 수 있습니다.
바꾸어 쓰는 문제가 TOPIK 시험에도 나온 적이 있습니다.

예 가격이 조금 **비싸도** 좋은 회사의 제품을 사는 게 어때요?
  =비싸더라도

'-아/어도'와 '-더라도'의 차이점을 확실하게 이해하기 위해서는 〈058 -더라도〉를 다시 한 번 공부하세요.

 연습하기

다음 표현을 순서대로 활용하여 문장을 완성하십시오.

1. 지금 헤어지다 / 자주 연락하다

_____

2. 늦다 / 7시까지 오다 / 비행기를 타다

_____

3. 시계 / 비싸다 / 사고 싶다

_____

061

★
[동사][형용사]
－(으)ㄹ 뿐이다

제가 할 일을 **했을 뿐이에요.**

너무 피곤해서 지금은 쉬고 싶을 **뿐이에요.**

학생들에게 여러 번 설명했지만 모른다고 하니까 **답답할 뿐이네요.**

축구를 잘하지 못해서 매일 **연습했을 뿐** 다른 방법은 없었어요.

TOPIK 문법 이해하기

'－(으)ㄹ 뿐이다'는 '그것만 하다', '다른 것은 없다'는 의미가 있습니다.

'－(으)ㄹ 뿐이다'는 앞의 사실 이외에 다른 것은 없고, '유일하다'는 의미가 있고, '－(으)ㄹ 뿐이다' 앞의 행동, 상태를 강조하는 느낌이 있습니다.

'－(으)ㄹ 뿐이다'는 '－(으)ㄹ 뻔했다'와는 전혀 다른 표현이니까 혼동하지 마세요!

TOPIK 주의하기

1. '－(으)ㄹ 뿐이다'는 [동사], [형용사], [명사] 뒤에서 모두 사용할 수 있습니다.

　[동사][형용사] • 현재: －(으)ㄹ 뿐이다 예 갈 뿐이다, 먹을 뿐이다, 예쁠 뿐이다
　　　　　　　　• 과거: －았/었을 뿐이다 예 갔을 뿐이다, 먹었을 뿐이다, 예뻤을 뿐이다

　[명사] • 현재: 일 뿐이다 예 친구일 뿐이다, 학생일 뿐이다
　　　　 • 과거: 이었/였을 뿐이다 예 친구였을뿐이다, 학생이었을 뿐이다

　※ [명사]의 경우에는 '뿐이다'를 붙일 수 있습니다. '그 사실 이외에 다른 것은 없다'는 의미는 있지만 사용할 때 주의해야 합니다.

　예 마이클 씨에게는 **친구뿐이다.**

　　》 '마이클 씨에게는 친구밖에 없다'의 의미가 있어서 다른 것은 생각하지 않는다는 의미
　　　가 있습니다.

'일 뿐이다'는 '[명사] 이다'에 '뿐이다'를 붙인 것입니다.

예 마이클 씨는 그냥 **친구일 뿐이다.**

》 '우리는 친구 사이이고, 애인 사이는 아니다'라는 의미가 있습니다.

2. '-(으)ㄹ 뿐이다' 형태에서 불규칙 역시 조심해야 합니다.

- '르' 탈락: 멀다 ⇨ 멀 뿐이다
- 울다 ⇨ 울 뿐이다
- 'ㅂ' 불규칙: 덥다 ⇨ 더울 뿐이다 ('좁다'는 불규칙 아닙니다. '좁을 뿐이다')
- 'ㅎ' 불규칙: 하얗다 ⇨ 하얄 뿐이다
- 'ㅅ' 불규칙: 짓다 ⇨ 지을 뿐이다

3. '-(으)ㄹ 뿐이다'에서 '뿐이다'와 '뿐이었다'의 차이점을 알고 있어야 합니다. 시간의 차이입니다.

예 마이클 씨는 그냥 **웃을 뿐이다.**

》 지금 웃고만 있습니다.

마이클 씨는 그냥 **웃을 뿐이었다.**

》 과거, 그때 웃고만 있었습니다.

4. 두 문장을 연결할 때도 사용할 수 있습니다. 그때는 '-(으)ㄹ 뿐이다'에서 '-(으)ㄹ 뿐'만 사용하여 표현합니다.

예 마이클 씨의 말 때문에 조금 기분이 **나쁠 뿐** 화가 난 것은 아니다.

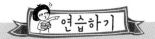 연습하기

다음 표현을 순서대로 활용하여 문장을 완성하십시오.

1. 그 이야기 / 영화에서 나오다 / 이야기이다

_____.

2. 마이클 씨 / 언제 결혼하는지 묻다 / 웃다

_____

3. 도와주다 / 감사하다

_____

✳ [1~3] 다음 (　　　　　) 안에 알맞은 것을 고르십시오.

01

> 가 : 윤서 씨에게 무슨 일이 있어요?
> 나 : 네. 오랫동안 (　　　　　　　) 남자친구와 어제 헤어졌대요.

① 사귀어 있었던　　　　　　② 사귀어 왔던

③ 사귀어 놓았던　　　　　　④ 사귀어 갔던

02

> 가 : 어디 아파요? 눈이 빨개요.
> 나 : 어제 밤늦도록 일을 했어요. 그래서 너무 피곤해서 (　　　　　　　) 잤어요.

① 렌즈를 끼려면　　　　　　② 렌즈를 끼더니

③ 렌즈를 껴서 그런지　　　　④ 렌즈를 낀 채로

03

> 가 : 연락도 없이 무슨 일이에요? 오랜만이네요.
> 나 : 네. 이 근처에 출장을 왔거든요. 그래서 온 김에 윤서 씨도 (　　　　　　　)
> 　　 해서 왔어요.

① 만날 뿐　　　　　　　　② 만나던데

③ 만날 겸　　　　　　　　④ 만나는 나머지

✳ [4~5] 다음 밑줄 친 부분이 틀린 것을 고르십시오.

04 ① 주말에 세탁기를 <u>돌렸어요</u>.

② 라면을 먹으려고 물을 <u>끓여요</u>.

③ 아이가 <u>깨울까 봐</u> 조용히 했어요.

④ 마이클 씨가 저를 집까지 <u>태워</u> 주었어요.

05 ① 책상 위에 <u>놓여 있는</u> 컵은 누구 것이에요?

   ② 요리를 했는데 냄새가 나서 창문을 <u>열어 놓았다</u>.

   ③ 단어를 미리 <u>외워 두면</u> 시험을 볼 때 도움이 될 것이다.

   ④ 옷걸이에 옷을 <u>걸려 있는데</u> 이 옷을 입고 나갈 거예요?

✱ [6~9] 다음 밑줄 친 부분과 바꾸어 쓸 수 있는 것을 고르십시오.

06

가 : 주말에 뭐할까요?

나 : <u>영화를 보러 가든지 공원에 가든지 합시다.</u>

   ① 영화를 보고 공원에 갑시다.

   ② 영화를 보면서 공원에 갑시다.

   ③ 영화를 보는 김에 공원에 갑시다.

   ④ 영화를 보거나 공원에 가거나 합시다.

07

가 : 한국의 날씨는 어때요?

나 : 우리 나라와 비슷하지만 그래도 <u>고향에 비해서</u> 겨울에는 추운 것 같아요.

   ① 고향보다   ② 고향과는 달리

   ③ 고향과 비슷하게   ④ 고향을 통해서

08

가 : 권 과장님 안 계세요? 메모를 좀 남겨 주시겠어요?

나 : 네. 과장님께서 <u>들어오시는 대로</u> 전해 드리겠습니다.

   ① 들어오시다가   ② 들어오시려면

   ③ 들어오시자마자   ④ 들어오시더니

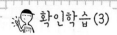

09

> 가 : <u>힘들더라도</u> 조금만 참아. 곧 산꼭대기야.
> 나 : 그래. 산 정상까지 꼭 올라가 보자.

① 힘들기에   ② 힘들어도

③ 힘드나 마나   ④ 힘들었는데도

✱ [10] 빈칸에 가장 알맞은 것을 고르십시오.

10

> 가 : 열심히 공부하고 싶은데 _____
> 나 : 그렇게 생각하지 말고 좀 더 최선을 다해 공부하세요.

① 요즘 공부하느라고 바빠요.

② 공부해 봤자 좋은 점수를 못 받을 것 같아요.

③ 저는 제가 할 수 있는 최선을 다할 뿐인데요.

④ 누구나 자신의 일에는 최선을 다하게 마련이지요.

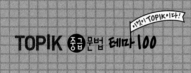

Part 4

· · · · · · · · · · · · ·

문법

Theme 62 ~ Theme 80
확인학습(4)

[동사] -고 말다

계속 싸우다 동생이 **울고 말았다**.

어제 공부를 하다가 잠이 **들고 말았어요**.

지각할까 봐 서두르다가 **넘어지고 말았어요**.

성격 차이로 계속 싸우던 우리는 결국 **헤어지고 말았다**.

TOPIK 문법 이해하기

'-고 말다'는 어떤 일이 결국 일어났다는 의미로, '-고 말았다'의 형태로 씁니다.

말하는 사람이 하고 싶거나 계획한 일이 아니기 때문에 그 일이 일어난 것에 대해 아쉬운 느낌, 섭섭한 느낌이 있습니다.

TOPIK 주의하기

1. [동사]와 씁니다. 그 일이 일어났다는 의미니까 형용사를 쓰면 어색합니다.
   예 일이 많아서 바쁘고 말았다. (×)

2. '-고 말았다'는 말하는 사람이 계획하지 않았는데 일이 생겼을 때 씁니다.
   예 시험공부를 하다가 잠이 **들고 말았어요**.

   계획해서 일어난 결과에 사용하면 어색합니다.
   예 열심히 공부하고 말았다. (×)

3. '-고 말겠다'로 쓰면 의미가 달라지니까 조심해야 합니다. '-고 말겠다'는 결과가 아니라 그 일을 꼭 할 것이라는 의지를 나타낼 때 사용합니다.

> 예 저는 이번 일을 오늘까지 꼭 **끝내고 말겠어요.**
> 이번에는 꼭 그 사람을 **만나고 말겠어요.**

'-고 말겠다'는 주로 말하는 사람의 강한 의지를 나타냅니다.

> 예 (저는) 올해 안에 운전면허증을 꼭 **따고 말겠어요.**
> 마이클 씨는 꼭 결혼을 하고 말겠다. (×)

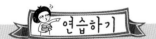

연습하기

다음 표현을 순서대로 활용하여 문장을 완성하십시오.

1. 일찍 일어나다 / 너무 피곤하다 / 늦잠을 자다

_____

2. 열심히 준비하다 / 긴장하다 / 발표를 망치다

_____

3. 열심히 노력하다 / 나의 실수 / 우리 팀이 지다

_____

완료

★★
[동사] -아/어/여 버리다

날씨가 너무 더워서 머리를 짧게 잘라 **버렸어요**.

이번 달 용돈을 다 써 **버려서** 지금 돈이 하나도 없어요.

기차를 타러 갔는데 기차가 이미 출발해 **버려서** 탈 수 없었다.

어제 먹던 과자를 동생이 다 먹어 **버려서** 저는 오늘 하나도 못 먹었어요.

TOPIK **문법 이해하기**

어떤 일이 모두 끝났다는 의미입니다. 그래서 그 결과 남은 것이 없는 경우에 사용합니다.

TOPIK **주의하기**

1. [동사]와 사용하세요. 형용사와는 함께 사용할 수 없습니다.
   예 요즘 바빠 버려요. (×)

2. '-아/어 버리다'는 말하는 사람의 기분을 표현할 수도 있습니다. 어떤 일이 다 끝났으니까 걱정이나 부담이 없어져서 시원한 마음이 있을 수도 있고, 섭섭하고 안타까운 마음이 있을 수도 있습니다.
   예 저는 조금밖에 안 늦었는데 남자 친구가 **가 버렸어요**. 그래서 섭섭해요.
   그동안 못 했던 숙제를 모두 **해 버렸어요**. 그래서 시원하네요.

'-고 말다'는 자신의 의지, 계획과 관계없는 결과를 나타내는데, '-아/어 버리다'는 자신의 의지가 있습니다.

> 예 숙제를 다 **해 버렸다.** (ㅇ)
> 숙제를 다 하고 말았다. (×)

3. '잊어버리다'와 '잃어버리다'는 하나의 단어니까 이 표현과 함께 사용하지 마세요.

> 예 약속을 잊어버려 버렸어요. (×)

 연습하기

다음 표현을 순서대로 활용하여 문장을 완성하십시오.

1. 남자 친구 / 헤어지자고 말하다 / 울다

_____

2. 이번 학기 / 끝나다 / 섭섭하다

_____

3. 남자 친구 / 통화하다 / 화가 나다 / 전화 / 끊다

_____

인용

064

[명사] 에 의하면

뉴스에 **의하면** 이번 사고의 원인은 운전자의 음주 운전이라고 합니다.

소문에 **의하면** 마이클 씨가 다음 달에 결혼한다고 하던데요. 사실인가요?

친구들의 말에 **의하면** 윤서 씨가 다른 학교로 갈 거라고 해요.

한 경제 연구 보고서에 **의하면** 내년에는 물가가 안정될 거라고 합니다.

TOPIK 문법 이해하기

'의하다'는 '어떤 것을 근거로 하다'의 의미가 있습니다.

'에 의하면'은 어디에서 들었는지 말할 때 사용할 수 있습니다.

TOPIK 주의하기

1. '에 의하면'은 어디에서 들었는지 인용할 때 사용하는데 주로 '말, 뉴스, 보고서, 조사, 안내문' 등과 같은 [명사]와 함께 사용합니다.

2. 주로 간접 화법과 같이 많이 사용합니다.

   예 일기 예보에 **의하면** 추운 날씨가 계속될 거라고 합니다.

3. '에 따르면'도 비슷한 의미로 사용할 수 있습니다.

   예 정부의 발표에 **따르면** 다음 달부터 지하철 요금이 인상된다고 합니다.

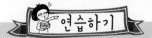

다음 표현을 순서대로 활용하여 문장을 완성하십시오.

1. 한 연구 결과 / 귀여운 그림을 보다 / 집중력이 높아지다

_____

2. 소문 / 마이클 씨는 고향에 돌아가다

_____

3. 경찰의 발표 / 이번 사고의 원인 / 태풍이다

_____

전환

065 ★★
[동사] – 았/었/였다가

창문을 열었다가 닫았어요.

코트를 입었다가 너무 더워서 벗었어요.

밖에 나갔다가 지갑이 없어서 다시 돌아왔어요.

명동에 갔다가 유명한 가수를 봤어요.

TOPIK 문법 이해하기

'–았/었다가'는 2가지 의미가 있는데 우선 순서를 말할 때 사용할 수 있습니다.
즉, 앞의 일이 다 끝난 후에 다른 일이 생겼을 때 사용합니다. 이때는 보통 '–았/었다가'의 앞과 뒤에 반대되는 동사를 사용해서 표현합니다.

예 모자를 **썼다가** 안 어울려서 벗었다.

반대되는 동사는 다음과 같습니다.

예 입다/벗다, 가다/오다, (모자를) 쓰다/벗다, 켜다/끄다, 타다/내리다, 열다/닫다, 사다/바꾸다(환불하다), 나가다/들어오다

두 번째로 '–았/었다가'는 앞의 일이 끝난 후에 뒤의 일이 우연히 생겼을 때, 즉 계획하지 않은 일일 때 사용합니다.

예 백화점에 옷을 **사러 갔다가** 고등학교 때 선생님을 만났어요.
옷을 얇게 입고 **나갔다가** 감기에 걸렸어요.

두 번째 의미일 때는 보통 '가다, 먹다' 등의 동사와 자주 사용합니다. 다른 동사일 때는 별로 사용하지 않습니다.

예 옷을 샀다가 가수를 봤다. (×)
⇨ 옷을 **사러 갔다가** 가수를 봤다. (○)

주의하기

1. [동사]와 사용할 수 있습니다. 하지만 항상 '과거'의 형태로만 사용합니다. 그러니까 '-았/었다가' 앞의 일은 모두 이미 일어난 일, 끝난 일입니다. 그래서 '-았/었다가' 뒤에는 대부분 과거가 나옵니다.

> 예) 그 옷을 **샀다가** 어머니께서 싫다고 하셔서 환불했어요.

2. '-았/었다가' 앞의 일은 모두 끝난 일이어야 합니다.

> 예) 길을 걸었다가 우연히 반 친구를 만났다. (×)

3. '-았/었다가' 앞과 뒤의 주어는 같은 사람입니다.

> 예) 마이클 씨가 불을 **켰다가** (마이클 씨가) 껐어요.
> (내가) 버스를 **탔다가** 버스비가 없어서 (내가) 내렸어요.

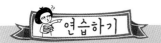 연습하기

다음 표현을 순서대로 활용하여 문장을 완성하십시오.

1. 원피스를 입다 / 마음에 안 들다 / 벗다

_____

2. 명동에 쇼핑하러 가다 / 친구를 만나다

_____

3. 학교에 가다 / 배가 아프다 / 다시 집에 오다

_____

정도

★★★
[동사][형용사] -(으)ㄹ 만하다

그 식당 음식은 **먹을 만해요.**

한국에서 **가 볼 만한** 곳을 추천해 주세요.

윤서 씨는 며칠 동안 밤을 새워 공부했으니까 병이 **날 만해요.**

마이클 씨는 **믿을 만한** 사람이니까 이 일을 맡겨 봅시다.

TOPIK 문법 이해하기

'-(으)ㄹ 만하다'는 '그렇게 할 정도'라는 의미가 있습니다. 그래서 '그렇게 할 가치가 있다'는 의미를 나타냅니다.

예 제가 만든 음식인데 어때요? **먹을 만해요?**

그리고 앞의 일이 일어나는 것이 가능하다는 의미도 있습니다.

예 그 음식은 **비쌀 만해요.**

TOPIK 주의하기

1. '-(으)ㄹ 만하다'는 주로 [동사] 뒤에서 사용하는데 '-아/어 보다'를 함께 사용해서 '한번 해 봐야 하는, 가치가 있는 일'의 의미를 가집니다. 그래서 주로 추천하는 상황에 사용합니다.

   예 봄에는 벚꽃 축제를 많이 하는데 **가 볼 만해요.**

2. [형용사] 뒤에 사용하는 경우도 있습니다.

   예 오늘처럼 추운 날씨에 그렇게 얇은 옷을 입었으니까 **추울 만하지요.**

하지만 모든 형용사에 사용할 수 있는 것은 아닙니다.

예 가 : 그 책이 재미있어요?

　나 : 네, 재미있을 만해요. (×) ⇨ 재미있고 **읽을 만해요.** (○)

그러나 형용사의 경우에는 거의 사용하지 않으니까 주로 동사 뒤에 사용한다고 생각하세요. TOPIK 시험에도 주로 동사가 나왔습니다.

예 다리가 아프지만 조금 더 가면 **쉴 만한** 곳이 나오니까 힘을 내세요.

3. '－(으)ㄹ 만하다'는 명사 앞에 쓰거나 다른 문법과 같이 쓸 수 있습니다.

　① '－(으)ㄹ 만하다' ＋ [명사] 예 가 볼 만한 곳, 먹어 볼 만한 음식

　② '－(으)ㄹ 만하다' ＋ 다른 문법 : '－(으)ㄹ 만하거든요', '－(으)ㄹ 만하군요', '－(으)ㄹ 만하네요'

　　　　　　　　　　　　　　　　 '－(으)ㄹ 만한 모양이에요', '－(으)ㄹ 만한 것 같아요'

특히 명사 앞에서 쓸 때 쓰기 실수를 하는 경우가 많으니까 조심하세요.

예 가 볼 만하는 장소 (×)

4. 과거의 상황을 말하고 싶으면 '－(으)ㄹ 만하다' 뒤에 과거를 쓰세요. : '－(으)ㄹ 만했다'

예 그 영화는 **볼 만했다.**

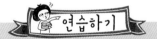
연습하기

다음 표현을 순서대로 활용하여 문장을 완성하십시오.

1. 아프다 / 약을 먹다 / 지금 / 참다

_____

2. 그 책 / 어렵다 / 읽다

_____

3. 이번에 시작하다 / 아르바이트 / 하다

_____

정도

★★
[동사] [형용사] ─ (으)ㄹ 정도(로)

어제 걷기 힘들 **정도로** 다리가 아팠어요.

그 영화를 좋아해서 대사를 다 **외울 정도**예요.

그 사람의 꿈을 꿀 **정도로** 그 사람을 좋아해요.

피자 한 판을 다 **먹을 정도로** 배가 고팠어요.

TOPIK 문법 이해하기

'─(으)ㄹ 정도'는 앞에 나오는 것과 비슷하다는 사실, 그 정도의 느낌을 말할 때 사용합니다.

예 오랜만에 친구를 만났는데 못 **알아볼 정도로** 변했어요.
　》 친구가 변했는데 '못 알아볼' 정도의 느낌이었다는 의미입니다.

TOPIK 주의하기

1. 형태부터 살펴봅시다.

[동사] [형용사] ・현재: ─(으)ㄹ 정도 예 읽을 정도 / 살 정도 / 아플 정도 / 좋을 정도
　　　　　　　　・과거: ─았/었을 정도 예 읽었을 정도 / 샀을 정도 / 아팠을 정도 / 좋았을 정도

과거는 이미 끝난 상황에 사용할 수 있습니다. 하지만 다음과 같이 아직 끝나지 않은 상황에서도 쓸 수 있으니까 주의하세요.

예 이 책을 여러 번 **읽었을 정도로** 좋아해요.
　》 여러 번 읽은 것은 과거! 하지만 아직도 좋아한다는 의미입니다.

예 이 책을 여러 번 **읽었을 정도로** 좋아했어요.
　》 여러 번 읽은 것은 과거! 좋아하는 것도 이미 과거라는 의미입니다.

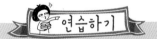

2. '-(으)ㄹ 정도'는 그 정도의 사실을 말할 때 사용하니까 보통 '-(으)ㄹ 정도'의 형태로 많이 씁니다.
   과거를 말할 때는 '-(으)ㄹ 정도' 뒤에 과거를 쓰는 경우가 많습니다. '-(으)ㄹ 정도이다'를 과거로 말할 때는 '-(으)ㄹ 정도였다'의 형태로 씁니다.

   예 이 책을 여러 번 **읽을 정도로** 좋아했어요.
   이 책을 좋아해서 여러 번 **읽을 정도였어요.**

3. '-(으)ㄹ 정도'를 문장의 중간에 사용하면 '로'가 꼭 있어야 합니다.

   예 작은 소리도 **들릴 정도로** 조용해요.

   '-(으)ㄹ 정도'를 문장 끝에 사용할 때 '로'를 쓰면 안 됩니다!

   예 너무 조용해서 작은 소리도 들릴 정도로예요. (×)
   너무 조용해서 작은 소리도 **들릴 정도예요.** (○)

4. '-(으)ㄹ 정도로'의 문장은 '-(으)ㄹ 정도예요'로 바꾸어 말할 수 있습니다.

   예 노래를 다 **외울 정도로** 그 가수를 좋아해요.
   = 그 가수를 좋아해서 노래를 다 **외울 정도예요.**

5. 이 표현은 '-(으)ㄹ 정도' 앞의 내용과 비슷한 사실을 말할 때 쓸 수 있다고 했는데 '사실'이 아니라 그런 느낌을 과장해서 말할 때도 사용합니다.

   예 떡볶이가 너무 매워서 입에서 **불이 날 정도예요.**
   배가 터질 정도로 많이 먹었어요.

연습하기

다음 표현을 순서대로 활용하여 문장을 완성하십시오.

1. 앞이 안 보이다 / 비가 많이 오다

_____

2. 영화가 재미있다 / 배가 아프다 / 웃다

_____

3. 학생들이 모두 답을 맞히다 / 시험 문제가 쉽다

_____

정도

★★
[동사][형용사]
−(으)ㄴ/는 편이다

> 마이클 씨는 한국어를 잘하는 편이에요.
>
> 이 시장은 마트보다 물건 값이 싼 편이에요.
>
> 부모님께 연락을 자주 하는 편이에요?
>
> 윤서 씨는 키가 큰 편이군요.

TOPIK 문법 이해하기

'−(으)ㄴ/는 편이다'는 말하는 사람이 생각할 때 어떤 상황에 가깝다는 표현입니다.

TOPIK 주의하기

1. '−(으)ㄴ/는 편이다'는 주로 [동사], [형용사]와 함께 사용합니다.

   [동사] −는 편이다 예 가는 편이다, 읽는 편이다

   [형용사] −(으)ㄴ 편이다 예 예쁜 편이다, 좋은 편이다

   불규칙을 조심해서 사용하세요!

   예 · 'ㄹ' 탈락 : 멀다 ⇨ 먼 편이다

   　　　　　　　만들다 ⇨ 만드는 편이다.

   　· 'ㅎ' 불규칙 : 하얗다 ⇨ 하얀 편이다

   　· 'ㅂ' 불규칙 : 어렵다 ⇨ 어려운 편이다

2. '−(으)ㄴ/는 편이다'는 말하는 사람이 주관적인 생각으로 사용하는 경우가 많아서 보통 사실
   이나 당연한 일에는 사용할 수 없습니다.

   예 윤서 씨는 한국 사람이니까 한국어를 잘하는 편이에요. (×)

3. '-(으)ㄴ/는 편이었다'로 말하면 과거에 보통 그랬다는 의미가 있습니다.

> 예전에 농구를 **잘하는 편이었어요**. 지금은 안 한 지 오래되어서 잘 못해요.
> 저는 초등학교에 다닐 때 키가 **작은 편이었어요**. 지금은 키가 커요.

'키가 작은 편이에요'라고 말하면 지금 키가 작다는 의미가 있습니다.

4. [동사]의 경우 '-(으)ㄴ 편이다'로 과거를 말할 수 있습니다. 이렇게 사용할 때는 보통 그랬다는 의미는 별로 없습니다.

> 지난주에 시험을 봤어요. 다른 친구들보다 **잘 본 편이었어요**.
> » 지난주 시험에서는 잘했지만 다른 시험에서는 잘했는지 알 수 없습니다.

5. '-(으)ㄴ/는 편이다' 뒤에 '편이에요' 이외에 '편이거든요, 편이잖아요, 편인 모양이에요' 등 다른 표현도 같이 쓸 수 있습니다.

> 어렸을 때는 농구를 **잘하는 편이었거든요**.
> 윤서 씨는 춤은 잘 추는데 노래는 잘 **못하는 편인가 봐요**.

6. [동사]인 경우에는 '자주, 잘, 많이' 등의 말과 같이 사용합니다.

> 저는 다른 사람에 비해서 밥을 많이 먹는 편이에요.

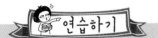
연습하기

다음 표현을 순서대로 활용하여 문장을 완성하십시오.

1. 마이클 씨 / 노래 / 잘하다

_____

2. 윤서 씨는 날씬하다 / 무슨 옷이나 잘 어울리다

_____

3. 학교에서 집이 멀다 / 다니기 불편하다

_____

[동사] - 다시피

> 보시다시피 역사박물관을 찾는 관광객의 수가 증가하고 있습니다.
> 여러분도 아시다시피 우리 나라에는 가 볼 만한 곳이 많습니다.
>
> 윤서는 고등학교 때 우리 집에서 거의 살다시피 했어요.
> 어제 거의 밤을 새우다시피 해서 오늘 정말 피곤하다.

TOPIK 문법 이해하기

'-다시피'는 '보시다시피, 아시다시피'처럼 '보다, 알다'와 같이 사용할 수 있는데 다음과 같은 의미가 있습니다.

> 예 • 보시다시피 : 보는 것처럼, 보는 것과 같이
> • 아시다시피 : 알고 있는 것처럼, 아는 것과 같이

이 표현은 듣는 사람이 이미 보거나 알고 있다고 생각하고 말하는 것입니다.

'-다시피 하다'의 형태로 쓴다면 '거의 그렇게 하다, 거의 그것과 비슷하다'의 의미가 있습니다. 하지만 실제 그런 것은 아닙니다.

> 예 윤서는 우리 집에서 거의 **살다시피 했다.**
> » 우리집에 자주 왔지만 같이 산 것은 아닙니다. 거의 같이 사는 것과 비슷하게 지냈다는 의미입니다.

TOPIK 주의하기

1. '보시다시피'와 '아시다시피'는 발표를 하는 상황에 많이 사용합니다. 발표를 할 때 그래프를 보여 주면서 '보시다시피'를 사용하는 경우가 많습니다.

> 예 여러분도 **아시다시피** 태권도는 한국의 전통문화 중의 하나입니다.
> 그래프에서 **보시다시피** 한국으로 유학 오는 유학생이 점점 증가하고 있습니다.

2. 친구와 이야기할 때는 '알다시피'를 사용할 수 있습니다.

> 예 너도 **알다시피** 요즘 내가 돈이 별로 없어.

3. '보시다시피, 아시다시피'가 '보는 것처럼, 아는 것처럼'의 의미일 때는 주로 '보다, 알다'와 사용하고 다른 동사는 거의 사용하지 않습니다. 사용할 수 있는 동사는 '배우다, 듣다' 정도 인데 과거의 형태를 주로 사용합니다.

> 예 며칠 전에 이미 **배웠다시피** 한국어의 문법은 복잡합니다.
> 어제 **들었다시피** 오늘은 문화 활동을 하도록 하겠어요.

4. TOPIK 시험에는 '-다시피 하다'의 형태가 자주 나왔습니다. '-다시피 하다'는 앞의 동사와 거의 비슷하게 한다는 의미가 있습니다.

> 예 어제는 숙제 때문에 밤을 거의 **새우다시피 했어.**
> 》 밤을 거의 새운 것과 마찬가지지만 실제 밤을 새운 것은 아닙니다.

5. '-다시피 하다'는 그 일을 반복적으로 하는 느낌이 있어서 '결혼하다, 졸업하다' 등 한 번만 하는 경우에 사용하면 어색합니다. 또한 계획하는 일을 말할 때 사용할 수 없습니다.

> 예 요즘 일이 너무 많아서 점심은 거의 **굶다시피 하고** 있어. (○)
> 마이클 씨는 그 대학교에 거의 입학하다시피 했다. (×)

6. '-다시피 하다'는 꼭 반복하는 느낌만 있는 것은 아닙니다. '거의 그런 정도와 비슷한 상황' 에서도 쓸 수 있습니다.

> 예 모임에서 그 사람과 마주친 나는 거의 **도망치다시피 해서** 그 자리를 빠져 나왔다.
> 윤서는 너무 아픈 나머지 **기다시피 해서** 집에 들어갔다.
> 그곳에 가기 싫은데 아버지께서 가라고 하셔서 거의 **울다시피 하면서** 갔다.

연습하기

다음 표현을 순서대로 활용하여 문장을 완성하십시오.

1. 약속 시간에 늦다 / 거의 뛰다

_____

2. 수업이 지루하다 / 거의 자다

_____

3. 윤서 / 다이어트를 하다 / 매일 굶다

_____

[동사] [형용사]
–(으)ㄹ 지경이다

매일 넓은 집을 청소하느라 죽을 **지경이에요**.

아침부터 아무 것도 안 먹었더니 배가 고파서 **쓰러질 지경이다**.

일 때문에 스트레스가 너무 심해서 잠도 못 잘 **지경이었는데** 요즘 조금 괜찮아졌어요.

그 친구는 사업에 실패한 후 너무 가난해서 먹고살기 **어려울 지경이라고** 해요.

TOPIK 문법 이해하기

이 표현은 '–(으)ㄹ 지경이다' 앞의 내용과 비슷한 정도라는 의미입니다. 그런데 상태를 강조하고 조금 과장하는 의미가 있습니다.

TOPIK 주의하기

1. [동사]와 [형용사]에 모두 사용할 수 있는데 보통 '그럴 정도'의 의미가 있습니다. 그런데 [형용사]보다는 주로 [동사]에 사용합니다.

2. 과거는 '–(으)ㄹ 지경이었다'로 말하면 됩니다.
   예 유학 간 남자 친구가 보고 싶어서 **미칠 지경이었어요**.

3. '–(으)ㄹ 정도이다'와 바꾸어 쓸 수도 있습니다.
   예 비가 많이 와서 앞이 안 **보일 지경이었다**.
   = 비가 많이 와서 앞이 안 **보일 정도였다**.

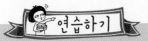
연습하기

다음 표현을 순서대로 활용하여 문장을 완성하십시오.

1. 친구들의 따뜻한 마음 / 눈물이 나다

_____

2. 너무 힘들다 / 서 있기 힘들다

_____

3. 쉬지 않고 산에 올라가다 / 힘들어서 죽다

_____

04

05

071 ★★

[동사] – 다 보면

> 열심히 연습하다 보면 잘하게 될 거예요.
>
> 그렇게 매일 쇼핑하다 보면 용돈이 모자랄 수도 있어요.
>
> 매일 듣기 연습을 열심히 하다 보면 듣기 실력이 좋아질 거예요.
>
> 한국 음식이 입에 안 맞아도 자꾸 먹다 보면 익숙해질 거예요.

TOPIK 문법 이해하기

'–다 보면'은 '계속 그렇게 하면'의 의미가 있습니다.

'–다 보면' 앞에 나오는 일을 계속, 반복해서 하면 뒤에 어떤 결과가 생길 것이라는 의미가 있습니다. 이때 뒤의 결과는 좋은 결과일 수도 있고 나쁜 결과일 수도 있습니다.

TOPIK 주의하기

1. '–다 보면' 은 주로 [동사]와 같이 사용합니다.

2. '–다 보면' 뒤의 일은 아직 일어나지 않은 일입니다. '–다 보면' 앞의 일을 계속하면 뒤의 일이 생길 것이라는 의미니까 과거는 쓰지 않습니다.

   예 계속 연습하다 보면 잘했어요. (×)

3. '–다 보면' 뒤에는 '[형용사]–아/어지다' + '–(으)ㄹ 거예요, –겠–, –(으)ㄹ 수 있다' 또는 '[동사]–게 되다'가 자주 옵니다.

   예 발음을 계속 **연습하다 보면** 발음이 좋아질 거예요.
   한국어를 계속 **연습하다 보면** 잘하게 될 거예요.

'좋다'는 [형용사]니까 '좋아지다'로 써야 합니다.

'잘하다'는 [동사]니까 '잘하게 되다'로 써야 합니다.

특히 '잘하다'는 '잘해질 거예요' 처럼 실수할 수 있으니 조심하세요.

4. '-다 보면' 앞에는 한 번 하는 일이 아니라 자주 하는 일이 옵니다.

그러니까 보통 한 번 하고 끝나는 동사의 경우는 같이 사용하지 않습니다.

> 예 그 학교를 졸업하다 보면 익숙해질 거예요. (×)
>
> 그 사람과 결혼하다 보면 좋아질 거예요. (×)

5. '-다 보면'의 주어는 보통 이야기를 듣고 있는 사람, 즉 2인칭 '너'입니다.

6. '-다 보니까'와 혼동하는 경우가 있으니 조심하세요. '-다 보니까'는 뒤에 어떤 결과가 생기기 때문에 과거나 현재를 쓰는 것이 좋습니다. 하지만 '-다 보면'은 아직 그 결과가 생기지 않았기 때문에 미래를 써야 합니다.

> 예 발음 연습을 **계속하다 보니까** 잘하게 되었어요.
>
> 발음 연습을 **계속하다 보면** 잘하게 될 거예요.

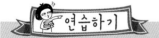

연습하기

다음 표현을 순서대로 활용하여 문장을 완성하십시오.

1. 그 일을 계속 하다 / 흥미가 생기다

   _____

2. 한국 친구와 자주 만나다 / 이야기하다 / 말하기에 자신감이 생기다

   _____

3. 담배를 많이 피우다 / 건강이 나빠지다

   _____

조건

072

★ [동사] – 다가는

이렇게 공부를 안 하고 **놀다가는** 시험에 떨어질 수도 있어요.

그렇게 매일 라면만 **먹다가는** 건강이 나빠질 거예요.

자꾸 일을 **미루다가는** 나중에 후회하게 될 거예요.

그렇게 담배를 **피우다가는** 건강이 나빠질 거예요.

TOPIK 문법 이해하기

'–다가는'은 앞의 일을 반복해서 하거나 그 상태가 계속되면 뒤에 안 좋은 결과가 생길 것 같을 때 사용하는 표현입니다.

'계속 –(으)면'의 의미가 있는데 뒤에 오는 결과가 좋지 않습니다.
그래서 계속 그렇게 하면 결과가 안 좋으니까 조심하라고 말하고 싶을 때 이 표현을 사용하면 됩니다.

TOPIK 주의하기

1. 뒤에는 언제나 안 좋은 결과가 와야 합니다.

   예 약을 많이 **먹다가는** 건강해질 거예요. (×)

2. '–다가는' 뒤에는 안 좋은 결과를 쓰니까 '–아/어질 거예요, –게 될 거예요'를 쓰는 경우가 많습니다.

   예 계속 군것질을 **하다가는** 살이 **찔 거예요**(찌게 될 거예요).

3. 예전부터 계속해 온 일이면 '이렇게, 그렇게, 저렇게'를 같이 사용합니다.

   예 그렇게 **공부하다가는** 합격하지 못할 거예요.

4. 보통은 다른 사람에게 충고할 때 사용하기 때문에 주어는 다른 사람인 경우가 많습니다.

   예 (네가) 이렇게 **놀기만 하다가는** 시험에 떨어질 거야.

다음 표현을 순서대로 활용하여 문장을 완성하십시오.

1. 이렇게 / 술을 마시다 / 건강이 나빠지다

   _____

2. 그렇게 / 책을 가까이에서 보다 / 눈이 나빠지다

   _____

3. 이렇게 / 돈을 많이 쓰다 / 용돈이 모자라다

   _____

조건

★★★
[동사][형용사] – 아/어/여야

영어와 컴퓨터를 잘해야 취직을 할 수 있어요.

학생증이 있어야 도서관에서 책을 빌릴 수 있어요.

권 부장님이 오셔야 회의를 시작할 수 있어요.

키가 커야 모델이 될 수 있다는 생각은 고정관념이에요.

TOPIK 문법 이해하기

'–아/어야' 뒤에 나오는 일을 하기 위해서 '–아/어야' 앞에 나오는 일이 꼭 필요하다는 의미입니다.

'–아/어야' 앞의 내용은 뒤의 일을 위해 꼭 필요한 조건입니다.

TOPIK 주의하기

1. [동사], [형용사]와 함께 쓸 수 있고 [명사]인 경우에도 쓸 수 있습니다.
   [명사]인 경우에는 '[명사]이어야/여야, (이)라야'를 씁니다.

   예 **초등학생이어야** 입장료를 할인받을 수 있어요.
   초등학생이라야 입장료를 할인받을 수 있어요.

2. '–아/어야' 뒤에는 보통 '–(으)ㄹ 수 있다, –지요' 등이 옵니다.

   예 한국어를 **잘해야** 대학교에 입학할 수 있어요.

3. '–아/어야' 뒤에는 '–(으)세요, –(으)ㅂ시다'를 쓸 수 없습니다.

   예 편지를 받아야 답장을 쓰세요. (×)

4. '–아/어야'는 '–아/어야지'의 형태로 사용할 수도 있습니다. '–아/어야지'를 쓰면 조금 강조하는 느낌이 있습니다.

> 예 시험이 **끝나야지** 여행을 갈 수 있어요.
> 마이클 씨가 **와야지** 파티를 시작할 수 있어요.

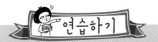 연습하기

다음 표현을 순서대로 활용하여 문장을 완성하십시오.

1. 날씨가 좋다 / 등산을 가다

   _____

2. 공부를 열심히 하다 / 시험을 잘 보다

   _____

3. 열심히 노력하다 / 성공하다

   _____

[동사] – 는 한

윤서 씨가 내 옆에 있는 한 저는 외롭지 않아요.

열심히 **노력하지 않는 한** 목표에 도달할 수 없을 거예요.

내 눈에 흙이 **들어가지 않는 한** 너희 둘의 결혼을 허락할 수 없어.

내일까지 과제를 **제출하지 않는 한** 좋은 점수를 받기 어렵습니다.

TOPIK 문법 이해하기

'–는 한'은 아직 일어나지 않은 일에 대해 '–는 한' 앞의 내용을 조건으로 할 때 사용합니다.

'–는 한' 앞의 내용이 조건이 되면 뒤의 상황이 될 것이라는 의미입니다.

TOPIK 주의하기

1. [동사]와 같이 쓰지만 모두 현재의 형태로 씁니다.
   '[동사] –는 한, [동사] –지 않는 한'의 형태를 모두 사용할 수 있습니다.
   > 예 내가 **살아 있는 한** 그 사람과의 결혼을 허락할 수 없어.
   >   열심히 **공부하지 않는 한** 대학교에 갈 수 없어요.

2. '있다, 없다'와 함께 사용할 수 있습니다.
   > 예 이렇게 착한 사람들이 **있는 한** 우리가 사는 세상은 더 좋아질 거예요.

3. '–는 한' 뒤에는 현재나 미래의 형태가 주로 나옵니다.
   > 예 내가 살아 있는 한 봉사 활동을 했어요. (×)

4. '-는 한' 뒤에 '-(으)세요, -(으)ㅂ시다'도 나올 수 없습니다.

예 이 일을 계속하는 한 같이 노력합시다. (×)

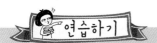 연습하기

다음 표현을 순서대로 활용하여 문장을 완성하십시오.

1. 친구가 사과하지 않다 / 먼저 사과하지 않다

_____

2. 운동하지 않다 / 건강을 회복할 수 없다

_____

3. 열심히 노력하다 / 사업에 성공할 수 있다

_____

[동사][형용사] – 거든

신발이 작거든 가지고 와. 내가 바꿔 줄게.

이 음식이 먹기 싫거든 먹지 마세요.

일본에 가거든 내 선물 사 오세요.

부장님께서 오시거든 이 메모를 전해 주세요.

TOPIK 문법 이해하기

'–거든'은 조건을 나타내는 표현으로 '–(으)면'의 의미가 있습니다.

아직 일어나지 않은 일을 말할 때 사용할 수 있습니다.

TOPIK 주의하기

1. [동사], [형용사]와 함께 사용할 수 있습니다. 모두 '–거든'만 붙이면 되고 [명사]의 경우에는 '(이)거든'을 쓰면 됩니다.

   예 그날이 **일요일이거든** 같이 갑시다.

2. '–거든요'와는 전혀 다른 표현입니다! '–거든요'는 이유를 말할 때 쓰고 문장의 마지막에 써야 합니다.

   예 내가 몸이 안 **좋거든**. 그래서 오늘 모임에 갈 수 없어.
   내가 몸이 안 좋아서 오늘 모임에 갈 수 **없거든요.**

3. '–거든'은 뒤에 주로 '–(으)세요, –(으)ㅂ시다'가 나옵니다.

   예 비가 **오거든** 그곳에 가지 맙시다.
   비가 **오거든** 그곳에 가지 마세요.

4. '-(으)면'의 의미가 있지만 '-거든'은 뒤에 주로 '-(으)세요, (으)ㅂ시다'를 쓰고 '-아/어요'나 물어보는 말은 쓰지 않습니다. '-거든'은 주로 '조건'의 의미만 있습니다.

예 봄이 오면 꽃이 핀다. (○)
봄이 오거든 꽃이 핀다. (×)

봄이 오면 꽃이 핍니까? (○)
봄이 오거든 꽃이 핍니까? (×)

봄이 오면 꽃이 필 텐데. (○)
봄이 오거든 꽃이 필 텐데. (×)

책을 가까이에서 보면 눈이 나빠질 거예요. (○)
책을 가까이에서 보거든 눈이 나빠질 거예요. (×)

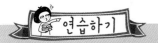
연습하기

다음 표현을 순서대로 활용하여 문장을 완성하십시오.

1. 그곳에 가는 길을 알다 / 알리다

_____

2. 돈이 부족하다 / 전화하다

_____

3. 글씨가 안 보이다 / 앞으로 나오다

_____

[동사] – 기 나름이다

> 컴퓨터의 수명은 **사용하기 나름**이에요.
> 함부로 사용하면 금방 고장 날 거예요.
>
> 한국어 공부는 **연습하기 나름**이에요.
> 매일 꾸준히 연습하면 잘할 수 있어요.
>
> 무슨 일이든지 자기가 **하기 나름**이다.
> 안 좋은 상황에서도 열심히 하면 성공할 수 있다.
>
> 모든 일은 **생각하기 나름**이다.
> 긍정적으로 생각하면 안 좋은 일도 좋게 느껴질 수 있다.

TOPIK 문법 이해하기

'–기 나름이다'는 조건을 나타내는 표현입니다. 어떤 행동을 선택하는지에 따라 결과가 다를 수 있다는 의미일 때 사용합니다. 즉 '–기 나름이다' 앞에 오는 내용의 정도나 행동에 달려 있다는 의미가 있습니다.

TOPIK 주의하기

이 표현은 TOPIK 고급 시험에 자주 나왔는데 최근에는 중급 시험에도 가끔 나오니까 잘 알아 두어야 합니다.

1. 주로 [동사]와 같이 씁니다. '–기 나름이다'의 형태로 문장이 끝나는데 뒤에는 '–(으)세요, –(으)ㅂ시다'와 같이 쓰지 않습니다.

   예 성공하는 것은 노력하기 나름이세요. (×)

2. [명사]인 경우에는 '[명사]도 [명사] 나름이다'의 형태로 쓰기도 합니다. 의미가 조금 다른데 [명사]가 모두 같은 것이 아니라 '[명사]마다 다를 수 있다'는 의미가 있습니다. 그렇지만 대부분 그 조건을 가지고 있지 못한 경우에 사용해서 조금 부정적인 의미가 있습니다.

   예 책도 **책 나름이에요.** 모든 책이 다 좋은 것은 아니에요.
   가수도 **가수 나름이에요.** 노래를 못하는 가수도 있어요.
   선물도 **선물 나름이에요.** 비싸고 정성이 없는 선물은 부담스럽지요.

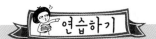

연습하기

다음 표현을 순서대로 활용하여 문장을 완성하십시오.

1. 집 / 꾸미다

_____

2. 성공 / 노력하다

_____

3. 아이의 습관 / 부모가 가르치다

_____

[동사] – 지그래(요)?

더우면 창문을 좀 **열지그래요?**

많이 피곤해 보이는데 좀 **쉬지그래요?**

이제 아이들도 곧 방학인데 여행 좀 **다녀오지그래?**

모르는 것이 있으면 선생님께 **물어보지그래?**

TOPIK 문법 이해하기

'–지그래요?'는 이야기를 듣는 사람에게 '이렇게 해 보세요.'라고 부드럽게 제안할 때 사용하는 표현입니다.

TOPIK 주의하기

1. '–지그래요?'는 [동사]와 같이 사용하는데 언제나 '–지그래요?'의 형태로 말합니다.

   예 방학인데 여행을 가지그렇다. (×)
   방학인데 여행을 **가지그래요?** (○)

2. '–지그래요?'의 형태로 주로 말할 때 쓰는 표현이니까 글을 쓸 때는 쓰지 마세요. 물론 편지글에서 제안, 조언, 권유하는 의미가 있다면 쓸 수 있지만 대부분의 글에는 쓰지 않는 것이 좋습니다.

   예 날씨가 더우면 수영장에 가지그런다. (×)

3. '–지그래요?'는 계속 이루어지지 않은 일에 사용하는 느낌이 있습니다.

   예 너무 더운데 에어컨을 **켜지그래요?**
   》 날씨가 더운데 에어컨을 계속 켜지 않고 있을 때
   많이 힘들어 보이는데 집에 **가지그래요?**
   》 아파 보이는데 집에 가지 않고 계속 일을 하고 있을 때

4. '–지 마세요'를 더 부드럽게 말하고 싶으면 '–지 말지그래요?'를 쓰세요.

> 예 그 사람 때문에 가고 싶지 않으면 모임에 **가지 말지그래요?**
> 날씨가 추운데 **나가지 말지그래요?**

5. '나'에게 사용하지 마세요!

> 예 내가 가지그래요? (×)

6. '–지 그랬어요?'로 사용하면 전혀 다른 의미가 됩니다.

> 예 시험 점수가 나쁘네요. 열심히 **공부하지 그랬어요?**

① '–지 그랬어요?'는 이야기를 듣는 사람이 그렇게 하지 못한 일, 과거의 행동에 대해 다르게 하면 더 좋았을 거라고 말할 때 사용합니다.

> 예 아침에 밥을 **먹지 그랬어요?** 저녁때까지 밥을 먹을 시간이 없는데요.
> ≫ 아침을 안 먹은 사람에게 아침을 먹었으면 더 좋았을 것이라고 말하는 표현입니다.

> 예 그렇게 아프면 병원에 **가지 그랬어요?**
> ≫ 아픈데 병원에 가지 않은 사람에게 병원에 갔으면 더 좋았을 것이라고 말하는 것입니다.

② '–지 그랬어요?'는 말하는 사람의 행동이 아니라 듣는 사람의 행동에 대해 말하는 표현이니까 '내'가 한 일에는 사용하지 않습니다.

> 예 내가 병원에 가지 그랬어요? (×)

③ '–지 말지 그랬어요?' 로 쓸 수 있습니다.

> 예 술을 **먹지 말지 그랬어요?**
> ≫ 술을 이미 마신 사람에게 말할 수 있습니다.

> 거기에 **가지 말지 그랬어요?**
> ≫ 그곳에 간 사람에게 말할 수 있습니다.

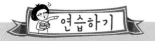 연습하기

다음 표현을 순서대로 활용하여 문장을 완성하십시오.

1. 살이 찌다 / 고민이다 / 운동을 하다

_____

2. 피곤하다 / 집에 가다 / 쉬다

_____

3. 심심하다 / 산책을 하다

_____

★★★

[동사] [형용사]
-(으)ㄴ/는 데다가

> 마이클 씨는 노래를 **잘하는 데다가** 춤도 잘 춰요.
>
> 그 집은 집값이 **싼 데다가** 교통도 편리해서 좋아요.
>
> 오늘 늦게 **일어난 데다가** 지하철도 고장이 나서 늦었어요.
>
> 이번에 장학금을 **받는 데다가** 아르바이트를 해서 학비가 부족하지 않아요.

TOPIK 문법 이해하기

'-(으)ㄴ/는 데다가'는 앞의 내용에 다른 것을 더할 때 사용합니다.

'-(으)ㄴ/는 데다가' 앞에 나오는 것은 기본적인 것이고 뒤에는 그것에 더해지는 느낌이 있습니다.

그래서 '-(으)ㄴ/는 데다가' 앞의 내용이 긍정적이면 뒤에도 긍정적인 내용이 오고, 앞의 내용이 부정적이면 뒤의 내용도 부정적인 내용이 나옵니다.

TOPIK 주의하기

1. '-(으)ㄴ/는 데다가' 는 [동사], [형용사]에 모두 사용할 수 있습니다.

    ① [동사]의 경우

    • 현재 : -는 데다가   • 과거 : -(으)ㄴ 데다가

    예 집에서 밥을 먹고 **나온 데다가** 친구가 과자를 주어서 정말 배가 불러요.

    ※ 특히 과거인 경우에 '-았/었는 데다가'로 잘못 쓰는 경우가 있으니까 조심하세요!

    예 집에서 밥을 먹고 나왔는 데다가 친구가 과자를 주었어요. (×)

② [형용사]의 경우

• 현재 : –(으)ㄴ 데다가

예 오늘은 날씨가 **좋은 데다가** 바람도 조금 불어서 좋다.

＊ 하지만 '맛있다 / 맛없다 / 재미있다 / 재미없다' 등의 형용사는 '–는 데다가'로 써야 합니다.

예 그 식당은 음식이 **맛있는 데다가** 서비스도 좋아요.

＊ 또한 불규칙의 경우 조심해야 합니다.

• 'ㄹ' 탈락: 멀다 ⇨ 먼 데다가

('살다'는 동사라서 '사는 데다가 / 산 데다가'로 쓰니까 조심!)

• 'ㅂ' 불규칙: 덥다 ⇨ 더운 데다가 ('좁다'는 '좁은 데다가'로 쓰니까 조심!)

• 'ㅎ' 불규칙: 하얗다 ⇨ 하얀 데다가

예 그 하숙집은 학교에서 **멀은 데다가** 교통도 불편해요. (×)

⇨ **먼 데다가**

2. '–(으)ㄴ/는 데다가' 앞과 뒤의 내용은 같은 사람이 하는 일이 오기 때문에 주어가 같거나 관계있는 것이어야 합니다.

예 윤서 씨는 그림을 잘 그리는 데다가 마이클 씨도 그림을 잘 그려요. (×)

또한 '그래서, 그러니까'로 연결될 수 있으면 더욱 좋은 문장이 됩니다.

예 윤서 씨는 그림을 잘 **그리는 데다가** 공부도 잘해요. 그래서 인기가 많아요. (○)
이 책은 어려운 단어가 **많은 데다가** 내용도 길어요. 그래서 읽기가 어려워요. (○)
그 식당 음식은 맛이 **없는 데다가** 가격도 비싸요. 그래서 가기 싫어요. (○)

3. '–(으)ㄴ/는 데다가'는 띄어쓰기를 조심해야 합니다.

예 윤서는 얼굴이 예쁜데다가 성격이 좋아요. (×)

⇨ 윤서는 얼굴이 **예쁜∨데다가** 성격이 좋아요.

4. '–(으)ㄹ 뿐만 아니라'와 비슷한 의미를 가지고 있습니다. TOPIK에서는 비슷한 의미를 고르는 문제로 출제된 적이 있습니다.

예 윤서는 **성격이 좋은 데다가** 얼굴도 예뻐요.

≒ **성격이 좋을 뿐만 아니라**

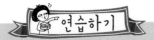

다음 표현을 순서대로 활용하여 문장을 완성하십시오.

1. 생일이다 / 선물을 많이 받다 / 용돈도 받다

_____

2. 이 식당 / 음식의 양이 적다 / 맛도 별로다

_____

3. 아침을 못 먹다 / 계속 서 있다 / 힘들다

_____

079 ★★

[동사][형용사]
–(으)ㄹ 뿐만 아니라

지하철은 **빠를 뿐만 아니라** 편리해서 자주 타요.

마이클 씨는 노래를 잘**할 뿐만 아니라** 연기도 잘해요.

그 식당은 서비스가 좋**을 뿐만 아니라** 값도 저렴해서 자주 이용해요.

바다에 가면 수영을 할 수 있**을 뿐만 아니라** 멋진 경치도 볼 수 있어서 좋아요.

TOPIK 문법 이해하기

'–(으)ㄹ 뿐만 아니라'는 앞에서 공부한 '–(으)ㄴ/는 데다가'처럼 앞의 일에 더해서 다른 상황이 있을 때 사용합니다.

TOPIK 주의하기

1. 형태부터 살펴봅시다.

[동사] • 현재 : –(으)ㄹ 뿐만 아니라 **예** 갈 뿐만 아니라 / 먹을 뿐만 아니라
　　　　• 과거 : –았/었을 뿐만 아니라 **예** 갔을 뿐만 아니라 / 먹었을 뿐만 아니라

[형용사] • 현재 : –(으)ㄹ 뿐만 아니라 **예** 예쁠 뿐만 아니라 / 좋을 뿐만 아니라
　　　　　• 과거 : –았/었을 뿐만 아니라 **예** 예뻤을 뿐만 아니라 / 좋았을 뿐만 아니라

[명사] • 현재 : 뿐만 아니라 **예** 아이뿐만 아니라

＊불규칙은 언제나 조심해야 하는 거 잊지 마세요!

[동사] 살다 **예** 살 뿐만 아니라　　　　　　[형용사] 멀다 **예** 멀 뿐만 아니라
　　　 짓다 **예** 지을 뿐만 아니라　　　　　　　　　 어렵다 **예** 어려울 뿐만 아니라
　　　　　　　　　　　　　　　　　　　　　　　　　 빨갛다 **예** 빨갈 뿐만 아니라

＊'춥다, 덥다, 귀엽다' 모두 '추울 뿐만 아니라, 더울 뿐만 아니라'와 같이 '우'로 바뀌지만 '좁다'는 '좁을 뿐만 아니라'로 써야 합니다!

2. '-(으)ㄹ 뿐만 아니라'는 앞의 사실에 다른 정보를 추가하는 느낌이 있습니다. 그래서 '-(으)ㄹ 뿐만 아니라' 앞의 내용이 좋은 것이면 뒤에도 좋은 내용이 오고, 앞의 내용이 나쁜 것이면 뒤에도 나쁜 내용이 옵니다.

> 예 제 방은 좁을 뿐만 아니라 밝아요. (×)
> 제 방은 **좁을 뿐만 아니라** 공기도 잘 안 통해요.
> 제 방은 **밝을 뿐만 아니라** 조용해요.

3. [명사]에는 '뿐만 아니라'를 쓰면 됩니다.

> 예 아이스크림은 **아이뿐만 아니라** 어른도 좋아해요.

이때 다른 '조사'를 같이 쓸 수 있습니다.

> 예 마이클 씨는 **집에서뿐만 아니라** 지하철에서도 공부해요.

4. '[명사]일 뿐만 아니라'는 '[명사]뿐만 아니라'와 느낌이 다릅니다. '[명사]이다' + '-(으)ㄹ 뿐만 아니라'입니다.

> 예 그 사람은 **가수일 뿐만 아니라** 연기자예요. (그 사람 = 가수 = 연기자)
> 그 사람은 **가수뿐만 아니라** 연기자도 좋아해요. (그 사람 ≠ 가수 ≠ 연기자, 가수, 연기자, 그 사람 모두 다른 사람입니다.)

5. '-(으)ㄹ 뿐만 아니라'는 '-(으)ㄴ/는 데다가'와 바꿔 사용할 수 있습니다.

> 예 장미는 **예쁠 뿐만 아니라** 향기도 좋다.
> 장미는 **예쁜 데다가** 향기도 좋다.

연습하기

다음 표현을 순서대로 활용하여 문장을 완성하십시오.

1. 제 동생 / 공부를 잘하다 / 운동도 잘하다

_____

2. 윤서 / 얼굴이 예쁘다 / 성격도 좋다

_____

3. 어제 / 늦게 일어나다 / 길이 막히다 / 학교에 늦다

_____

080

★ [동사] [형용사] − 더라고(요)

> 여기는 지난번에 간 식당인데 음식 값이 싸고 **맛있더라고요**. 같이 가요.
>
> 제가 윤서 씨 남자친구를 봤는데 정말 **잘생겼더라고요**.
>
> 지난 방학 때 뉴욕에 가 봤는데 정말 **복잡하더라고요**.
>
> 마이클 씨를 오랜만에 만났는데 헤어스타일을 **바꿨더라고요**.

TOPIK 문법 이해하기

'−더라고요'는 어떤 일을 직접 경험한 후 알게 된 사실, 느낌을 회상하면서 이야기할 때 사용합니다.

'−더라고요'로 말하는 내용은 모두 과거에 경험한 것이어야 합니다. 그리고 말할 때는 그때 일을 생각하면서 말하는 느낌이 있습니다.

TOPIK 주의하기

1. '−더라고요'는 이미 경험한 사실이라는 의미가 있기 때문에 과거를 말할 때도 '−았/었'과 함께 쓰지 않고 언제나 '−더라고요'로 말해야 합니다.

   예 어제는 더웠더라고요. (×) ⇨ 어제는 **덥더라고요**.
      지난번에 간 식당은 좋았더라고요. (×) ⇨ 지난번에 간 식당은 **좋더라고요**.

2. '−았/었더라고요'를 사용할 때는 그 일을 경험할 때 이미 끝난 일이어야 합니다.

   예 친구를 오랜만에 만났는데 그 친구가 머리카락을 짧게 **잘랐더라고요**.
      》 이미 짧게 잘랐습니다. 자른 후에 만났다는 의미입니다.

   예 친구를 오랜만에 만났는데 그 친구가 미용실에서 머리카락을 짧게 **자르고 있더라고요**.
      》 아직 다 자르지 않았습니다. 자르고 있을 때 만났다는 의미입니다.

3. '–더라고요'는 '나'의 경험이지만 '나'를 주어로 말하지 않습니다!

   예 내가 도서관에 가더라고요. (×)

   내가 그 일을 했을 때의 기분, 느낌만 쓰세요!

   예 오랜만에 바다에 가니까 정말 **좋더라고요.**
   그 이야기를 들으니까 **속상하더라고요.**

4. '–더라고요'는 말하는 사람이 새롭게 알게 된 사실을 말할 때 써야 합니다. 이미 알고 있는 일은 사용하지 않습니다.

   예 제 고향은 경치가 아름답더라고요. (×)
   10년 만에 고향에 갔는데 많이 **변했더라고요.** (○)

5. 듣는 사람과 같이 한 일에도 사용하면 어색합니다.

   예 우리가 어제 같이 간 식당 음식이 **맛있더라고요.**

6. 친구 사이에서는 '–더라고'로 말하면 됩니다.

7. '–더라고요'는 주로 말할 때 사용하는 표현이니까 글을 쓸 때는 사용하지 마세요!

다음 표현을 순서대로 활용하여 문장을 완성하십시오.

1. 공부를 계속 하다 / 흥미가 생기다

   _____

2. 한국 친구를 자주 만나서 이야기하다 / 말하기에 자신감이 생기다

   _____

3. 마이클 씨 / 들어오다 / 다시 나가다

   _____

Topik 확인학습(4)

✱ [1~5] 다음 (   ) 안에 알맞은 것을 고르십시오.

01

> 가 : 외국에서 친구가 오는데 한국에서 (   ) 곳은 어디에요?
>
> 나 : 음, 글쎄요. 외국인 관광객들은 명동을 자주 가던데요.

① 가던   ② 가 볼만한

③ 가더라도   ④ 가다 보니까

02

> 가 : 마이클 씨가 요즘 잘 웃지도 않고 무슨 일이 있는 것 같아요.
>
> 나 : 네. 오랫동안 사귄 여자 친구와 (   )

① 헤어지고 말았대요.   ② 헤어지고 말겠대요.

③ 헤어지게 마련이래요.   ④ 헤어졌을 뿐이래요.

03

> 가 : 집 안에서 생선 냄새가 나는 것 같아요.
>
> 나 : 그래요? 그럼 잠깐 창문을 (   ) 닫을게요.

① 열다가   ② 열어도

③ 열었다가   ④ 열더라도

04

> 가 : 너무 졸린데 커피 마시러 갈까?
>
> 나 : 너처럼 이렇게 커피를 많이 (   ) 건강이 나빠질 거야.

① 마시려면   ② 마시거든

③ 마시는 한   ④ 마시다가는

05

> 가 : 지난번에 갔던 식당 어땠어요? 친구와 같이 가 볼까 해요.
> 나 : 그 식당요? 값도 싸고 맛도 (   )

① 괜찮더라고요.　　　　　　② 괜찮잖아요.

③ 괜찮을 리가 없어요.　　　　④ 괜찮을 수도 있어요.

✻ [6~8] 다음 밑줄 친 부분과 바꾸어 쓸 수 있는 것을 고르십시오.

06

> 가 : 오늘 등산을 했더니 너무 힘들어서 <u>걷지 못할 정도예요.</u>
> 나 : 집에 가서 푹 쉬세요.

① 걷지 못할 만해요.　　　　② 걷지 못할 지경이에요.

③ 걷지 못하는 편이에요.　　④ 걷지 못하다시피 해요.

07

> 가 : 요즘 다니는 회사는 어때요?
> 나 : 일이 <u>재미있을 뿐만 아니라</u> 같이 일하는 사람들도 친절해서 좋아요.

① 재미있는 덕분에　　　　② 재미있는 데 반해

③ 재미있는 데다가　　　　④ 재미있는 편이라서

08

> 가 : 내일 비가 오면 여행은 취소되는 거지요?
> 나 : 네. 비가 <u>오거든</u> 가지 맙시다.

① 와도　　　　　　② 오면

③ 올 겸　　　　　　④ 오다 보면

✻ [9~10] 빈칸에 가장 알맞은 것을 고르십시오.

09

> 가 : 방학인데 같이 제주도에 갈까?
> 나 : 글쎄, _____

① 제주도에 가지 그래?
② 제주도에 자주 가는 편이야.
③ 매년 여름마다 갈 정도로 제주도를 좋아해.
④ 아버지께서 허락하지 않는 한 여행을 갈 수 없어.

10

> 가 : 한국어는 발음이 너무 어려워요. 발음을 잘하는 방법은 없어요?
> 나 : _____

① 매일 연습할 뻔했어요.
② 매일 연습하다시피 했어요.
③ 매일 그렇게 연습하다가는 잘하게 될 거예요.
④ 매일 큰 소리로 연습하다 보면 잘하게 될 거예요.

Part 5

· · · · · · · · · · · · ·

문법

Theme 81 ~ Theme 100

확인학습(5)

후회

★
[동사] -(으)ㄹ걸 그랬다

마이클 씨가 집에 없네요. 마이클 씨에게 미리 **전화를 할걸 그랬어요.**

음식을 준비했는데 모자라는군요. 좀 더 **준비할걸 그랬어요.**

옛날 남자 친구가 왔네요. 여기 **오지 말걸 그랬어요.**

학교에 다닐 때 공부를 열심히 **할걸 그랬어요.**

TOPIK 문법 이해하기

'-(으)ㄹ걸 그랬다'는 이미 일어난 일을 후회할 때 사용하는 표현입니다. 아쉬워하는 느낌도 조금 있습니다.

TOPIK 주의하기

1. '-(으)ㄹ걸 그랬다'는 [동사]와 함께 사용하는데 그 일을 하지 않거나, 하지 못해서 후회할 때 씁니다.

   예 공부를 더 열심히 **할걸 그랬어요.**
   》 공부를 하지 않아서 후회한다는 의미입니다.

2. 그 일을 한 후에 후회하는 경우에도 사용할 수 있습니다.
   이미 한 일을 후회할 때는 '-지 말걸 그랬다'를 주로 사용합니다.

   예 마이클 씨와 **싸우지 말걸 그랬어요.**
   》 마이클 씨와 싸워서 후회한다는 의미입니다.

3. '-(으)ㄹ걸 그랬다'는 '그래요'로 사용할 수 없습니다.

   예 아침을 먹을걸 그래요. (×)

4. 주로 말할 때 사용합니다.

그리고 보통은 '나(1인칭)'일 때 많이 사용하는데 후회하고 아쉬워하는 느낌이 있습니다.
그런데 '너'일 때 사용할 수도 있습니다. '너'는 다른 사람이니까 후회가 아니라 아쉬워하는
느낌만 있습니다. '나', '너' 빼고 다른 사람의 경우에 사용하면 어색할 수도 있습니다.

> 예 이번 모임에 (내가) **가지 말걸 그랬어요.** (○)
>
> 이번 회의에 (네가) **갈걸 그랬어요.** (○)
>
> 이번 모임에 마이클 씨가 갈걸 그랬어요. (?)

5. '–(으)ㄹ걸 그랬다'는 '–(으)ㄹ걸'로 사용하는 경우도 있습니다. 말할 때 많이 사용하는데 이
때 문장의 끝을 조금 내리면서 말해야 합니다.

> 예 돈을 아껴 쓸걸……(↘)

연습하기

다음 표현을 순서대로 활용하여 문장을 완성하십시오.

1. 표가 매진되다 / 미리 예매하다

_____

2. 머리가 너무 아프다 / 어제 술을 마시다

_____

3. 시험을 잘 못 보다 / 평소에 열심히 공부하다

_____

후회

[동사] -았/었/였어야 했는데

열심히 공부했어야 했는데 하지 않아서 시험에 떨어졌어요.

우산을 챙겼어야 했는데 깜빡하고 가지고 오지 않았어요.

옷을 따뜻하게 입었어야 했는데 너무 춥네요.

담배를 피우지 말았어야 했는데 그동안 너무 많이 피웠네요.

TOPIK 문법 이해하기

이 표현은 '-았/었어야 했는데' 앞에 나오는 일을 하지 못해서 후회할 때 사용합니다.

'-았/었어야 했는데' 앞에 나오는 내용은 꼭 해야 하는 일인데 하지 못한 것 같은 느낌이 있습니다. 그 일을 하지 못해서 후회하고 아쉬워하는 느낌이 듭니다.

TOPIK 주의하기

1. '-았/었어야 했는데'는 [동사]와 써야 하고 이미 모든 일이 끝난 후에 말해야 합니다.

   예 그 모임에 **참석했어야 했는데** 너무 바빠서 가지 못했어요.

2. '-았/었어야 했는데'까지만 말해도 후회하는 느낌을 줄 수 있습니다.

   예 운동을 열심히 **했어야 했는데**······.

3. 이미 한 일에 대해 후회할 때는 '-지 말았어야 했는데'를 쓸 수 있습니다.

   예 그 모임에 **가지 말았어야 했는데**······.
   친구에게 그렇게 나쁜 말을 **하지 말았어야 했는데**······.

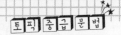

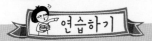

다음 표현을 순서대로 활용하여 문장을 완성하십시오.

1. 식당 / 미리 / 예약하다

_____

2. 선물 / 미리 / 준비하다

_____

3. 서류 / 제출하다 / 확인하다

_____

05

[동사] [형용사]
–(으)ㄴ/는다면서(요)?

> 마이클 씨가 다음 달에 윤서 씨와 **결혼한다면서요?**
>
> 마이클 씨가 감기에 걸려서 많이 **아프다면서요?**
>
> 다음 달에 고향에 돌아갈 **거라면서요?**
>
> 이번 시험은 **어려웠다면서요?**

TOPIK 문법 이해하기

'–다면서요?'는 들은 내용을 확인할 때 사용하는 표현입니다.

'–다면서요?'로 말하는 상황은 지금 대화를 하고 있는 사람(A 씨)에 대한 내용을 다른 사람(B 씨)에게 들은 후 A 씨에게 확인할 때 사용합니다.

또한 다른 사람(A 씨)에 대해 들은 이야기를 그 사람(A 씨)이 아니라 다른 사람(B 씨)에게 확인할 때도 사용할 수 있습니다.

TOPIK 주의하기

1. '–다면서요?'는 들은 내용을 확인할 때 사용하지만 들은 후에 바로 말한 사람에게 다시 물어볼 때는 사용하지 않습니다.

   예 (결혼 소식을 듣자마자 말한 사람에게) 결혼한다면서요? (×)

2. 형태에 주의하세요.

   [동사] • 현재 : –(으)ㄴ다면서요?   • 과거 : –았/었다면서요?   • 미래 : –(으)ㄹ 거라면서요?
   [형용사] • 현재 : –다면서요?   • 과거 : –았/었다면서요?   • 미래 : –(으)ㄹ 거라면서요?
   [명사] • 현재 : (이)라면서요?   • 과거 : 이었/였다면서요?   • 미래 : 일 거라면서요?

3. 말할 때 주로 사용하는 표현이니까 글을 쓸 때는 사용하지 마세요!

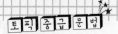

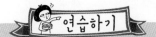

배운 내용을 활용하여 다음 문장을 바꾸어 쓰십시오.

1. 월요일에 시험이 있어요.

   _____

2. 전자 제품은 용산이 싸요.

   _____

3. 윤서 씨가 대학교에 합격했어요.

   _____

05

★★★★

[동사] [형용사]
–(으)ㄴ/는/(으)ㄹ 줄 몰랐다

그 가수가 이렇게 인기가 많을 줄 몰랐어요.

한국 사람이 이렇게 매운 음식을 좋아하는 줄 몰랐어요.

토요일에 우체국 문을 닫는 줄 몰랐어요. 그래서 우체국에 갔어요.

오늘 비가 올 줄 몰랐어요. 그래서 우산을 가지고 오지 않았어요.

TOPIK 문법 이해하기

'–(으)ㄴ/는/ㄹ 줄 몰랐다'는 생각과는 다를 때 사용하는 표현입니다.
'–(으)ㄴ/는 줄 몰랐다'는 말하는 사람이 사실을 잘못 알았을 때 많이 사용합니다.

예 비가 **온 줄 몰랐어요.** (비가 왔지만 그 사실을 잘못 알고 있거나 정말 몰랐을 때)
　 비가 **오는 줄 몰랐어요.** (비가 오고 있지만 그 사실을 모를 때)

'–(으)ㄹ 줄 몰랐다'는 예상한 것과 다를 때 말합니다. 새롭게 알게 되었다는 느낌도
있습니다.

예 비가 **올 줄 몰랐어요.** (비가 안 올 거라고 생각했는데 비가 올 때)

TOPIK 주의하기

1. '–(으)ㄴ/는/ㄹ 줄 몰랐다'는 [동사], [형용사], [명사]에 모두 쓸 수 있습니다.

　　[동사] • 현재: –는 줄 몰랐다 예 가는 줄 몰랐어요 / 읽는 줄 몰랐어요
　　　　　 • 과거: –(으)ㄴ 줄 몰랐다 예 간 줄 몰랐어요 / 읽은 줄 몰랐어요
　　　　　 • 미래: –(으)ㄹ 줄 몰랐다 예 갈 줄 몰랐어요 / 읽을 줄 몰랐어요

　　[형용사] • 현재: –(으)ㄴ 줄 몰랐다 예 좋은 줄 몰랐어요 / 예쁜 줄 몰랐어요
　　　　　　 • 미래: –(으)ㄹ 줄 몰랐다 예 좋을 줄 몰랐어요 / 예쁠 줄 몰랐어요

[명사] • 현재: 인 줄 몰랐다 📖 선생님인 줄 몰랐어요 / 가수인 줄 몰랐어요
　　　 • 과거: 이었/였을 줄 몰랐다 📖 선생님이었을 줄 몰랐어요 / 가수였을 줄 몰랐어요
　　　 • 미래: 일 줄 몰랐다 📖 선생님일 줄 몰랐어요 / 가수일 줄 몰랐어요

형용사일 때는 과거를 별로 말하지 않습니다.

2. '-(으)ㄹ 줄 몰라요'로 말하면 의미가 달라지니까 '-(으)ㄴ/는/(으)ㄹ 줄 몰랐다'는 언제나 '몰
　랐다'로 말해야 합니다.
　　📖 마이클 씨가 집에 가는 줄 몰라요. (×)

3. '-(으)ㄹ 줄 몰랐다'는 '이렇게, 그렇게, 저렇게'와 같이 사용하면 더 자연스럽습니다.
　　📖 마이클 씨의 여자 친구가 이렇게 **예쁠 줄 몰랐어요.**
　　　오늘 이렇게 비가 **올 줄 몰랐어요.**

4. '-(으)ㄹ 줄 몰라요'는 '할 수 없다'는 의미가 있으니 혼동하지 마세요!!
　　📖 저는 수영을 **할 줄 몰라요.**
　　　저는 수영을 **할 줄 몰랐어요.**
　　》 과거에는 수영을 못 했다는 의미입니다. 생각과 다르다는 의미가 아닙니다.

5. 쓰기를 할 때 '몰랐어요'를 '몰았어요'로 쓰는 실수를 많이 하니까 조심하세요!
　　📖 마이클 씨가 축구를 잘하는 줄 몰았어요. (×)

연습하기

다음 표현을 순서대로 활용하여 문장을 완성하십시오.

1. 윤서 씨의 결혼 사진을 봤어요. : 윤서 씨 / 결혼하다

　_____

2. 마이클 씨가 한국말 하는 것을 들었어요. : 마이클 씨 / 한국어를 할 수 있다

　_____

3. 윤서 씨가 그 남자와 결혼하지 않을 거라고 생각했어요. : 윤서 씨 / 결혼하다

　_____

판단

★★★★

[동사] [형용사]

(으)ㄴ/는/(으)ㄹ 줄 알았다

윤서 씨가 반지를 끼고 있어서 **결혼한 줄 알았어요.**

비가 **올 줄 알았어요.** 그래서 우산을 가지고 왔어요.

마이클 씨가 매일 농구공을 가지고 다녀서 농구를 **잘하는 줄 알았어요.**

윤서 씨가 **바쁠 줄 알았어요.** 그래서 일부러 연락을 안 했어요.

TOPIK 문법 이해하기

'(으)ㄴ/는/(으)ㄹ 줄 알았다'도 생각과는 다를 때 사용하는 표현입니다.

'(으)ㄴ/는 줄 알았다'는 말하는 사람이 사실을 잘못 알았을 때 많이 사용합니다.

예 비가 **온 줄 알았어요.** (비가 왔다고 생각했지만 비가 오지 않았을 때)
    비가 **오는 줄 알았어요.** (비가 오고 있다고 생각했지만 비가 오지 않을 때)

'(으)ㄹ 줄 알았다'도 예상한 것과 다를 때 사용합니다.

예 비가 **올 줄 알았어요.** (비가 올 거라고 생각했는데 비가 안 올 때)

TOPIK 주의하기

1. '(으)ㄴ/는/(으)ㄹ 줄 알았다'도 '(으)ㄴ/는/(으)ㄹ 줄 몰랐다'처럼 [동사], [형용사], [명사]에 모두 쓸 수 있습니다.

2. '(으)ㄴ/는/(으)ㄹ 줄 알았다'도 '(으)ㄴ/는/(으)ㄹ 줄 몰랐다'에서 공부한 것처럼 언제나 '알았다'로 말해야 합니다.

    예 마이클 씨가 집에 가는 줄 알아요. (×)

3. 같은 상황에 '-(으)ㄴ/는 줄 알았다'와 '-(으)ㄴ/는 줄 몰랐다'를 쓸 수 있습니다.

　예 마이클 씨가 키가 **작은 줄 알았어요.**

　마이클 씨가 키가 **큰 줄 몰랐어요.**

　》 마이클 씨가 키가 크지 않다고 생각했는데 사실 키가 클 때 쓸 수 있습니다.

4. '-(으)ㄹ 줄 알았다'도 '-(으)ㄹ 줄 알아요'와 다른 표현입니다!

　예 저는 **수영할 줄 알아요.**

　저는 수영할 줄 알았어요. (×)

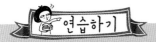

연습하기

다음 표현을 순서대로 활용하여 문장을 완성하십시오.

1. 사진을 보고 방이 클 거라고 생각했다. 하지만 방이 작다.

　: 방 / 크다

_____

2. 마이클 씨가 한국어로 인사하는 것을 들었어요. 그래서 마이클 씨가 한국어를 할 수 있다고 생각했어요. 그런데 인사만 할 수 있어요.

　: 마이클 씨 / 한국어를 할 수 있다

_____

3. 윤서 씨가 그 책이 재미있다고 해서 다 읽었다고 생각했어요.

　: 윤서 씨 / 그 책 / 다 읽다

_____

086

★★
[동사][형용사]
-(으)ㄴ/는 척하다

> 만화책을 보면서 놀다가 엄마가 들어오셔서 공부하는 척했어요.
>
> 마이클 씨와 윤서 씨가 서로 모르는 척하네요. 두 사람 싸웠어요?
>
> 마이클 씨는 나를 못 본 척하고 그냥 지나갔어요.
>
> 학교에 가기 싫어서 아픈 척했어요.

TOPIK **문법 이해하기**

'-(으)ㄴ/는 척하다'는 '사실은 아니지만 -처럼 하다'의 의미가 있습니다.
실제로 그렇지 않지만 그런 것처럼 할 때 사용하는 표현으로, 실제와는 다르게 꾸미는 것입니다.

TOPIK **주의하기**

1. **'-(으)ㄴ/는 척하다'의 형태를 살펴봅시다.**

[동사] ・현재: -는 척하다 예 공부하는 척해요 / 보는 척해요 / 먹는 척해요
・과거: -(으)ㄴ 척하다 예 공부한 척해요 / 본 척해요 / 먹은 척해요
[형용사] ・현재: -(으)ㄴ 척하다 예 예쁜 척해요 / 좋은 척해요
[명사] ・현재: 인 척하다 예 친구인 척해요 / 학생인 척해요

예 엄마가 들어오셔서 텔레비전을 끄고 책을 **읽는 척했어요**.
친구들이 그 책에 대해서 이야기를 해서 저는 안 읽었지만 그 책을 **읽은 척했어요**.

※ **불규칙은 당연히 조심해야 합니다!**
[동사] 알다 ⇨ 아는 척해요
[형용사] 멀다 ⇨ 먼 척해요
[형용사] 귀엽다 ⇨ 귀여운 척해요

✳ '있다/없다'도 조심해야 합니다.
예 있다 ⇨ 있는 척해요

2. '-(으)ㄴ/는 척하다'에서 '척하다'와 '척했다'는 사용하는 상황이 다릅니다.
'척하다'로 말하면 '보통, 일반적으로 그래요'라는 의미가 있습니다.
'척했다'로 말하면 '그렇게 했어요'라는 의미가 있습니다.

예 마이클 씨는 모르는 것도 **아는 척해요**.
≫ 보통 그렇게 한다는 의미입니다.

마이클 씨는 어제 그 사실을 몰랐지만 **아는 척했어요**.
≫ 어제 알고 있는 것처럼 했다는 의미입니다.

3. '-(으)ㄴ/는 척하다'는 문장의 중간에도 사용할 수 있습니다.
예 마이클 씨는 그 책을 다 **읽은 척하면서** 친구들과 이야기를 했다.
윤서 씨는 열심히 **공부하는 척했지만** 사실 다른 생각을 하고 있었다.

4. '알다'는 과거형으로 사용하지 않습니다.
즉 '아는 척하다'로 말할 수 있지만 '안 척하다'와 같이 사용하지는 않습니다.

5. '-(으)ㄴ/는 체하다'라는 표현과 거의 비슷해서 바꿔 사용해도 됩니다.
예 외국 사람이 길을 물어봤는데 **못 들은 척했다**.
= 못 들은 체했다

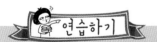 연습하기

다음 표현을 순서대로 활용하여 문장을 완성하십시오.

1. 아침을 못 먹다 / 밥을 먹다

_____

2. 내가 부르다 / 마이클 씨 / 못 듣다

_____

3. 마이클 씨 / 아프다 / 괜찮다

_____

★★★

[동사] [형용사]
-(으)ㄹ 텐데

시험이 **어려울 텐데** 어떻게 해요?

힘들 텐데 제가 도와드릴게요.

수업이 곧 **시작할 텐데** 서두릅시다.

리밍 씨도 집에 **있을 텐데** 같이 저녁을 먹자고 할까요?

TOPIK 문법 이해하기

'-(으)ㄹ 텐데'는 추측의 표현입니다. '-(으)ㄹ 텐데'는 앞의 일이 '~할 것 같은데' 정도의 의미가 있습니다. 추측하는 내용을 먼저 말하면서 '-(으)ㄹ 텐데' 뒤의 일을 이야기합니다. 그래서 '-(으)ㄹ 텐데' 앞의 내용이 뒤의 일을 말하는 배경이 됩니다.

'-(으)ㄹ 텐데'가 중급에서 나오면 대부분 추측하는 이유를 나타내는데, 뒤에는 '-(으)세요, -(으)ㅂ시다, -(으)ㄹ까요?' 등의 표현이 나옵니다.

TOPIK 주의하기

1. '-(으)ㄹ 텐데'는 [동사], [형용사], [명사] 뒤에 모두 사용할 수 있습니다.

    [동사][형용사] • 현재: -(으)ㄹ 텐데 예 갈 텐데, 먹을 텐데, 바쁠 텐데, 좋을 텐데
    [명사] • 현재: 일텐데 예 학생일 텐데, 가수일 텐데
    • 과거: 이었/였을 텐데 예 가수였을 텐데

2. 이미 끝난 일에 대해 추측할 때도 사용할 수 있습니다.

    [동사][형용사] • 과거: -았/었을 텐데 예 갔을 텐데, 먹었을 텐데, 바빴을 텐데, 좋았을 텐데
    예 마이클 씨가 이미 **도착했을 텐데** 우리도 빨리 갑시다.

3. '-(으)ㄹ 텐데' 형태에서도 불규칙을 조심해야 합니다.

- '르' 탈락 : 멀다 ⇨ 멀 텐데
            울다 ⇨ 울 텐데
- 'ㅂ' 불규칙 : 덥다 ⇨ 더울 텐데
- 'ㅎ' 불규칙 : 하얗다 ⇨ 하얄 텐데
- 'ㅅ' 불규칙 : 짓다 ⇨ 지을 텐데

4. '-(으)ㄹ 텐데'가 추측하는 이유를 말할 때는 꼭 '-(으)세요, -(으)ㅂ시다, -(으)ㄹ까요?'를 쓰세요!

　예　날씨가 **추울 텐데** 따뜻한 옷을 입으세요.

5. 뒤에 '내'가 하는 일을 말할 때는 '-(으)ㄹ게요'를 쓸 수 있습니다.

　예　혼자 하면 **힘들 텐데** 제가 도와드릴게요.

6. '-(으)ㄹ 텐데' 뒤에는 앞의 추측하는 내용과 반대되는 내용이 나올 수 있습니다.

　예　주사가 **아플 텐데** 아이가 울지 않아요.
　　시험 문제가 **어려웠을 텐데** 학생들이 잘 풀었네요.

7. '-(으)ㄹ 텐데'는 '-(으)ㄹ 텐데요'로 문장의 끝에서 사용할 수도 있습니다.

　예　오늘까지 다 하기는 **어려울 텐데요.**

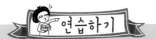

연습하기

다음 표현을 순서대로 활용하여 문장을 완성하십시오.

1. 시험이 어렵다 / 열심히 공부하다

_____

2. 밥을 못 먹다 / 같이 밥을 먹다

_____

3. 비가 오다 / 우산을 챙기다

_____

★
[동사] [형용사]
–(으)ㄴ/는/(으)ㄹ 모양이다

마이클 씨 가방이 없네요. 집에 **간 모양이에요.**

한국 신문을 읽는 걸 보니까 마이클 씨는 한국어를 잘하는 **모양이에요.**

요즘 마이클 씨가 모임에 안 나오는 걸 보니까 **바쁜 모양이에요.**

윤서 씨가 좋아하는 케이크를 안 먹는 걸 보니까 배가 안 **고픈 모양이네요.**

 **문법 이해하기**

'–(으)ㄴ/는/(으)ㄹ 모양이다'는 추측의 표현입니다.

말하는 사람이 어떤 상황, 사실을 보고 추측하는 표현인데 어떤 사실이나 상황을 보고 말하는 것이라서 객관적으로 추측하는 느낌이 있습니다.

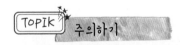 **주의하기**

1. 형태를 살펴봅시다.

   [동사] •현재: –는 모양이다 예 가는 모양이다, 읽는 모양이다
         •과거: –(으)ㄴ 모양이다 예 간 모양이다, 읽은 모양이다
         •미래: –(으)ㄹ 모양이다 예 갈 모양이다, 읽을 모양이다

   [형용사] •현재: –(으)ㄴ 모양이다 예 좋은 모양이다, 아픈 모양이다
          •과거: –았/었던 모양이다 예 좋았던 모양이다, 아팠던 모양이다

   [명사] •현재: 인 모양이다 예 학생인 모양이다, 가수인 모양이다
         •과거: 이었던/였던 모양이다 예 학생이었던 모양이다, 가수였던 모양이다

※ 불규칙은 항상 조심해야 합니다!

- 'ㄹ' 탈락: 힘들다 ⇨ 힘든 모양이에요
- 'ㅂ' 불규칙: 어렵다 ⇨ 어려운 모양이에요
- 'ㅎ' 불규칙: 하얗다 ⇨ 하얀 모양이에요

※ '-있다, -없다' 형용사도 조심해야 합니다!

- 재미있다 **예** 재미있는 모양이에요

2. '나'는 주어로 말할 수 없습니다.

> **예** 시험 점수가 나쁜 걸 보니까 내가 공부를 안 한 모양이에요. (×)

3. 지금 하고 있는 일은 '-(으)ㄴ/는/(으)ㄹ 모양이다'로 추측할 수 없습니다!

> **예** 윤서 씨는 **자는 모양이에요.** (○)
>> 》 윤서 씨가 전화를 안 받는 상황입니다.
>
> 마이클 씨가 고향에 **갈 모양이에요.** (○)
> 마이클 씨가 표를 사는 모양이에요. (×)
>> 》 마이클 씨가 비행기 표를 사고 있는 것을 본 상황입니다.

4. '-(으)ㄴ/는/(으)ㄹ 모양이다'는 보통 '-(으)ㄴ/는 걸 보니까'와 함께 쓰는 경우가 많습니다. '-아/어서'와 쓰면 어색할 수도 있습니다.

> **예** 영화관에 사람이 많은 걸 보니까 영화가 **재미있는 모양이에요.** (○)
> 영화관에 사람이 많아서 영화가 재미있는 모양이에요. (×)

5. '-나 보다 / -(으)ㄴ가 보다'와 바꾸어 쓸 수 있는 표현입니다.

> **예** 사람들이 우산을 쓰고 가네요. 비가 **오는 모양이에요.**
> = 사람들이 우산을 쓰고 가네요. 비가 **오나 봐요.**

연습하기

다음 표현을 순서대로 활용하여 문장을 완성하십시오.

1. 방이 깨끗해지다 / 마이클 씨가 청소를 하다

_____

2. 윤서 씨 / 일찍부터 자다 / 피곤하다

_____

3. 마이클 씨 / 전화를 받지 않다 / 집에 없다

_____

★

[동사][형용사]
-(으)ㄹ지도 모르다

> 지금 12시 30분이니까 마이클 씨는 밥을 **먹었을지도 몰라요.**
>
> 시험 기간이지만 도서관에 자리가 **있을지도 몰라요.**
>
> 날씨가 **추울지도 모르니까** 따뜻한 옷을 가지고 가세요.
>
> 주말이지만 영화표가 **있을지도 몰라요.**

TOPIK 문법 이해하기

'-(으)ㄹ지도 모르다'는 추측을 나타내는 표현입니다.
하지만 그 일이 생길 가능성이 좀 낮은 편일 때 말합니다.
즉, 그 일이 생길 가능성은 별로 없지만 생길 수도 있을 때 사용합니다.

TOPIK 주의하기

1. 형태부터 살펴봅시다.

[동사][형용사] + '-(으)ㄹ지도 모르다'

예 연휴라서 병원이 문을 안 **열지도 몰라요.**
숙제 때문에 주말 모임에 못 **갈지도 몰라요.**

[명사] + '일지도 모르다'

예 마이클 씨와 윤서 씨는 서로 아는 **사이일지도 몰라요.**

2. 불규칙을 조심하세요!

• 'ㄹ' 탈락 : 멀다 ⇨ 멀지도 몰라요
• 'ㅂ' 불규칙 : 덥다 ⇨ 더울지도 몰라요 ('좁다'는 '좁을지도 몰라요'로 쓰니까 조심!)
• 'ㅎ' 불규칙 : 하얗다 ⇨ 하얄지도 몰라요
• 'ㅅ' 불규칙 : 짓다 ⇨ 지을지도 몰라요

3. 과거를 말할 때는 '–았/었을지도 모르다'로 써야 합니다.

   예 여름이라서 음식이 **상했을지도 몰라요.**

     수업이 끝났으니까 마이클 씨는 이미 집에 **갔을지도 몰라요.**

4. '–(으)ㄹ지도 모르다'는 대부분 '몰라요'로 써야 해요. '몰랐어요'로 쓰면 절대 안 됩니다!

   예 이번 방학 때는 고향에 못 갈지도 몰랐어요. (×)

  아직 일어나지 않은 일에 대한 추측이니까 '–(으)ㄹ지도 몰라요'로 써야 합니다.

5. '–(으)ㄹ지도 모르다'는 '–(으)ㄹ지도 모르니까/몰라서/모르는데' 등과 같이 사용할 수 있습니다.

   예 길이 **막힐지도 모르니까** 서두릅시다.

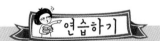
연습하기

다음 표현을 순서대로 활용하여 문장을 완성하십시오.

1. 비가 오다 / 우산을 챙기다

  _____

2. 표가 매진되다 / 미리 예매하다

  _____

3. 여행을 가다 / 아프다 / 약을 준비하다

  _____

[동사] [형용사]

‒(으)ㄴ/는/(으)ㄹ 듯하다

하늘을 보니까 곧 비가 **올 듯한데요**.

이번 시험 문제는 지난번에 비해서 좀 **어려운 듯하네요**.

옷이 작은 것 같으니까 다른 옷을 입는 것이 **좋을 듯해요**.

교복을 입은 걸 보니까 이 학교 **학생인 듯한데** 도서관이 어디인지 물어봅시다.

TOPIK 문법 이해하기

'‒(으)ㄴ/는 듯하다'는 앞의 내용을 추측할 때 사용하는 말입니다. 그런 것 같다고 생각할 때 사용할 수 있습니다.

TOPIK 주의하기

1. '‒(으)ㄴ/는 듯하다'는 [동사], [형용사], [명사]와 함께 쓸 수 있습니다.

[동사]
- 현재 : ‒는 듯하다 예 비가 오는 듯해요. / 책을 읽는 듯해요.
- 과거 : ‒(으)ㄴ 듯하다 예 비가 온 듯해요. / 책을 읽은 듯해요.
- 미래 : ‒(으)ㄹ 듯하다 예 비가 올 듯해요. / 책을 읽을 듯해요.

[형용사]
- 현재 : ‒(으)ㄴ 듯하다 예 문제가 어려운 듯해요. / 기분이 좋은 듯해요.
- 미래 : ‒(으)ㄹ 듯하다 예 문제가 어려울 듯해요. / 기분이 좋을 듯해요.

[명사]
- 현재 : 인 듯하다 예 선생님인 듯해요.

2. 과거에 그렇게 생각했을 때 '-(으)ㄴ/는 듯했어요'로도 사용할 수 있습니다. 그렇게 생각한 것은 과거의 일입니다.

   예 비가 **올 듯했어요**.

   ≫ 비가 올 것 같다고 생각했다는 의미입니다.

   비가 **오는 듯했어요**.

   ≫ 비가 오는 것 같다고 생각했다는 의미입니다.

3. '-(으)ㄴ/는 듯하다'는 '-(으)ㄴ/는 듯한 [명사]'의 형태로도 자주 사용합니다.

   예 어디에선가 **본 듯한** 사람인데 기억이 나지 않아요.

   그리고 '-(으)ㄴ/는 듯한데', '-(으)ㄴ/는 듯해서'의 형태로도 많이 사용합니다.

4. 글에서는 '-(으)ㄴ/는 듯하다' 그대로 쓰면 됩니다.

   예 오늘 그 일을 하는 것이 **좋을 듯하다**.

05

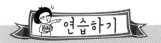 연습하기

다음 표현을 순서대로 활용하여 문장을 완성하십시오.

1. 모자 / 작다 / 좀 더 큰 것 / 사다

   _____

2. 이야기 / 듣다 / 윤서 씨 / 그 책 / 읽다

   _____

3. 약속 시간 / 늦다 / 택시 / 타다

   _____

[명사] 치고

> (가) 한국 **사람치고** 성격이 급하지 않은 사람은 없는 것 같아요.
>
> 다른 사람에게 나쁘게 하는 **사람치고** 성공하는 사람을 본 적이 없어요.
>
> (나) **겨울치고** 날씨가 따뜻한 편이에요.
>
> 윤서는 **아이치고는** 생각이 깊은 편이에요.

 **문법 이해하기**

'치고'는 두 가지 의미가 있습니다.

(가)는 '치고' 앞에 있는 명사에 '예외가 없다'는 의미가 있습니다.

예 한국 **사람치고** 김치를 안 먹는 사람은 없을 거예요.

》 한국 사람은 거의 다 김치를 먹고, 김치를 안 먹는 예외인 경우는 없다는 의미입니다.

(나)는 '치고' 앞에 나오는 명사 중에서 '예외'라는 의미도 있습니다.

예 윤서 씨는 **모델치고** 키가 작은 편이다.

》 대부분의 모델은 키가 크지만 윤서 씨는 예외적으로 작다는 의미입니다.

TOPIK 주의하기

1. (가)의 의미(예외가 없이 모두 마찬가지)일 때는 뒤에 부정이 자주 나옵니다.

예 **신입 사원치고** 실수를 안 하는 사람은 없다.

그리고 앞과 뒤에는 의미가 비슷한 명사가 필요합니다.

예 한국에 온 외국인 **관광객치고** 명동에 안 가 본 <u>사람</u>은 없다.

⇨ 관광객, 사람

한국에 온 외국인 관광객치고 명동에 안 가 봤어요. (×)

2. (나)의 의미(예외가 있을 때)일 때는 '치고는'으로 쓰는 경우도 많습니다.

> 예 텔레비전에 나왔던 **식당치고는** 음식이 맛이 없네요.

그리고 뒤에 '–는 편이다'가 자주 나옵니다.

> 예 텔레비전에 나왔던 **식당치고는** 음식이 맛이 없는 편이네요.

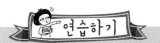

연습하기

다음 표현을 순서대로 활용하여 문장을 완성하십시오.

1. 어린아이 / 장난감 / 싫어하다 / 아이 / 없다

_____

2. 마이클 / 외국인 / 한국어 / 잘하다

_____

3. 내 동생 / 중학생 / 키가 작다

_____

[명사] (이)라도

밥이 없으니까 **라면이라도** 끓여 먹을까?

심심한데 공원에 가서 **산책이라도** 합시다.

연휴인데 가까운 **곳에라도** 놀러 갔다가 오는 게 어때요?

과제를 오늘까지 다 못했으면 **내일까지라도** 해서 제출하세요.

TOPIK 문법 이해하기

여러 가지 방법 중에 가장 좋은 방법이 없어서 그 다음의 것을 선택할 때 사용하는 조사입니다.

'아주 마음에 들지 않지만 그래도'의 의미가 있습니다.

예 밥이 없으면 빵이라도 먹어야 해요.

》 가장 좋은 것은 밥을 먹는 것인데 그것이 없으니까 그 다음으로 좋은 것인 빵을 먹어야 한다는 뜻입니다.

TOPIK 주의하기

1. 받침이 있으면 '이라도', 받침이 없으면 '라도'를 쓰면 됩니다.

예 더운데 **창문이라도** 열자.
윤서가 못 오면 **너라도** 와.

2. 다른 조사와 같이 쓸 수 있습니다.

예 오늘 다 준비를 못 했으면 **내일까지라도** 내세요.
도서관에 자리가 없으니까 윤서 씨 **집에서라도** 공부합시다.
숙제를 다 하면 **오후에라도** 가지고 오세요.

다음 표현을 순서대로 활용하여 문장을 완성하십시오.

1. 미리 알다 / 전화 / 걸다

_____

2. 에어컨이 고장 나다 / 선풍기 / 켜다

_____

3. 친구들이 모두 바쁘다 / 혼자 / 여행 가다

_____

[명사] 마저

어머니께서 돌아가신 후 **아버지마저** 돌아가시고 말았다.

어제 지갑을 잃어버렸는데 **휴대 전화마저** 배터리가 없어서 연락을 못했어요.

친한 친구 윤서가 유학을 갔는데 **마이클마저** 고향에 돌아간다고 해서 정말 서운해요.

형과 누나가 모두 외국으로 유학 갔는데 **저마저** 유학 간다고 해서 부모님께서 조금 섭섭해 하세요.

TOPIK 문법 이해하기

'마저'는 이미 어떤 것이 포함되고 그것에 또 다른 것이 더해질 때 사용할 수 있습니다. '마지막 남은 하나까지 모두'의 의미가 있습니다.

TOPIK 주의하기

1. 받침이 있어도, 없어도 모두 '마저'로 쓰면 됩니다.

    예 노래마저 / 학생마저

2. '까지, 도'와 바꿔서 쓸 수 있지만 '마저'로 쓰면 '마지막 남은 것까지 모두'의 의미가 있습니다. 그리고 뒤에는 보통 부정적인 상황이 많이 옵니다.

    예 나와 가장 친한 친구인 **너마저** 나를 믿지 않는군.

    하지만 언제나 부정문이 나오는 것은 아니고 상황이 부정적인 것입니다.

    예 눈이 오는 데다가 **바람마저** 불었다.

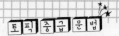

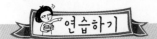

다음 표현을 순서대로 활용하여 문장을 완성하십시오.

1. 남아 있던 한 그루의 나무 / 베다

_____

2. 휴대 전화 / 고장 나다 / 집 전화 / 고장 나다

_____

3. 지하철 막차 / 끊기다 / 택시 / 안 오다

_____

05

[명사] 은/는커녕

목이 부어서 **밥은커녕** 물도 못 먹을 정도다.

시험 **준비는커녕** 숙제도 다 못해서 걱정이에요.

그 사람은 **대학교는커녕** 초등학교도 다니지 못 했다.

너무 바빠서 **제주도는커녕** 집 근처에 있는 공원에도 못 가요.

TOPIK 문법 이해하기

'은/는커녕'은 조사인데 앞의 것뿐만 아니라 뒤의 것도 일어나기 어려울 때 사용합니다. 그래서 의미를 강조하는 느낌이 있습니다.

TOPIK 주의하기

1. '은/는커녕'은 조사니까 [명사] 뒤에서만 사용합니다.
   • 받침이 있는 경우 : 은커녕 예 밥은커녕
   • 받침이 없는 경우 : 는커녕 예 학교는커녕

2. '은/는 커녕' 앞에는 당연히 안 하거나 못한 일이 나오고 '은/는커녕' 뒤에는 그것보다 쉬운 일이나 아니면 더 심한 일이 나옵니다. 그 일들은 모두 안 하거나 못한 것입니다.
   예 밥은커녕 불고기도 못 먹어요. (×)
   밥은커녕 물도 못 먹어요. (○)

3. 뒤에는 주로 '도'와 같이 쓰는 경우가 많습니다. 그리고 뒤에는 부정적인 내용이 나와야 합니다.
   예 **십 만원은커녕** 천원도 없어요.

4. **[동사]나 [형용사]를 쓰려면 '-기는커녕'의 형태로 써야 합니다.**

   예 숙제를 열심히 **하기는커녕** 책도 가지고 오지 않는다.

   그 사람을 만나니까 기분이 **좋기는커녕** 옛날 일이 생각나서 화가 날 지경이다.

   윤서 씨가 잘못한 일인데 **사과하기는커녕** 오히려 화를 냈다.

5. **'은/는커녕' 뒤의 일이 일어나기 어려울 때도 사용하지만 결과가 반대될 때, 즉 기대했던 것과 반대의 상황에서 쓰기도 합니다.**

   예 이번 일을 하고 칭찬받을 거라고 기대했는데 **칭찬은커녕** 오히려 벌을 받았다.

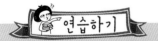

다음 표현을 순서대로 활용하여 문장을 완성하십시오.

1. 여행 / 쉴 시간 / 없다

   _____

2. 결혼 / 연애 / 못 하다

   _____

3. 윤서 씨 / 그 일 / 고마워하다 / 오히려 / 모르는 척하다

   _____

조사

[명사] 조차

너무 힘들어서 집에 갈 **힘조차** 없어요.

이메일은커녕 **문자 메시지조차** 확인하지 못할 정도로 바쁘다.

같은 반에서 공부하기는 하지만 나는 그 사람의 **이름조차** 모른다.

나에 대해 가장 잘 아는 **어머니조차** 그 사실을 모르신다.

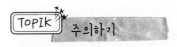

TOPIK 문법 이해하기

'조차'는 이미 어떤 것이 포함되고 그것에 또 다른 것이 더해질 때 사용할 수 있는 조사입니다.

어떤 사실에 '가장 기본적이고 쉬운 대상을 포함해서 모두' 정도의 의미가 있습니다.

예 친구가 고향으로 돌아가는데 잘 가라는 **말조차** 하지 못했다.

≫ 잘 가라는 말은 다른 것에 비해 쉬운 일인데 그것을 하지 못했다는 의미가 있습니다.

TOPIK 주의하기

1. 받침이 있어도, 없어도 모두 '조차'로 씁니다.

   예 물조차, 친구조차

2. '까지, 도'와 바꿔서 쓸 수 있지만 '조차'로 쓰면 가장 안 좋은 상황의 느낌이 있습니다.
   그래서 보통 '-조차'와 사용하는 것은 일반적으로 생각하기 어려운 상황인 경우가 많습니다.

   예 그 나라의 말은 쓰기가 어려운 데다가 **읽기조차** 어려워서 배우기 힘들다.
   마이클 씨는 아주 마른 사람이라서 살찐 모습은 **상상조차** 하기 힘들다.

3. 보통 뒤에는 부정적인 상황이 많습니다.

> 예 그 사람 이름조차 알아요. (×)
>
> 그 사람 **이름조차** 몰라요. (○)
>
> 너무 더운데 바람조차 불어요. (×)
>
> 너무 더운데 **바람조차** 불지 않네요. (○)

4. '은/는커녕'과 함께 자주 씁니다.

> 예 밥은커녕 **물조차** 먹을 수 없어요.

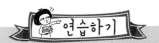
연습하기

다음 표현을 순서대로 활용하여 문장을 완성하십시오.

1. 나 / 1등을 하다 / 생각 / 못하다

_____

2. 어제 / 생일 / 어머니 / 내 생일 / 잊어버리다

_____

3. 요즘 바쁘다 / 밥 먹을 시간 / 없다

_____

[동사] [형용사]
– (으)ㄹ수록

마이클 씨는 **알면 알수록** 좋은 사람인 것 같아요.

외국 학생들은 한국어를 배우면 **배울수록** 어렵다고 대답했어요.

어려울수록 더욱 최선을 다해야 한다.

친구는 많으면 **많을수록** 좋다.

TOPIK 문법 이해하기

'–(으)ㄹ수록'은 앞의 일이 계속 되면 뒤의 일도 더 많아지거나 적어지는 것을 말할 때 사용합니다.

즉, '–(으)ㄹ수록' 앞의 일이 점점 더해지면 뒤의 일의 정도가 달라진다는 의미가 있습니다.

TOPIK 주의하기

1. 보통 '–(으)면 –(으)ㄹ수록'으로 쓰는 경우가 많습니다. 하지만 '–(으)면'은 말하지 않아도 됩니다.

   예 이 노래는 **(들으면)** 들을수록 좋아요.

2. [동사], [형용사], [명사] 모두 사용할 수 있습니다.
   - 받침이 있는 경우 : '–을수록' 예 좋을수록, 먹을수록
   - 받침이 없는 경우 : '–ㄹ수록' 예 바쁠수록, 갈수록

   [명사]인 경우에는 '일수록'을 사용합니다.

   예 **어린아이일수록** 비타민을 더 먹어야 한다고 한다.

＊ **불규칙은 언제나 주의하세요.**

- '<u>ㄹ</u>' 탈락 : 멀다 ⇨ 멀수록
- '<u>ㅎ</u>' 불규칙 : 하얗다 ⇨ 하얄수록
- '<u>ㅂ</u>' 불규칙 : 어렵다 ⇨ 어려울수록

3. 앞의 일을 계속하거나 일이 계속되기 때문에 한 번만 하는 동사의 경우에는 사용하면 좀 어색할 수도 있습니다.

   例 그 사람과 결혼하면 결혼할수록 좋아요 (×)

      내가 어릴 때 태어날수록 똑똑하다. (×)

   하지만 그것이 일반적일 때는 상관없습니다.

   例 이렇게 건강한 아기들이 많이 **태어날수록** 나라의 힘이 커진다. (○)

4. 동사 중 '생각하다'와 같이 '하다' 동사인 경우에는 '생각하면 생각할수록'으로 말할 수도 있지만 '생각하면 할수록'으로 말할 수도 있습니다.

   例 **공부하면 할수록** 더 어려워지는 것 같아요.

      생각하면 할수록 기분 나쁜 일이에요.

05

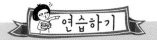 **연습하기**

다음 표현을 순서대로 활용하여 문장을 완성하십시오.

1. 나이가 들다 / 건강을 조심하다

_____

2. 이 책 / 읽다 / 감동을 주다

_____

3. 산에 올라가다 / 기온이 떨어지다

_____

097 [명사] 에 따라(서)

지역에 **따라서** 비가 많이 오는 곳도 있고 적게 오는 곳도 있어요.

날씨에 **따라서** 기분이 달라져요. 이렇게 비가 오는 날에는 좀 우울해져요.

기숙사 규칙에 **따라** 11시 이후에는 출입을 할 수 없습니다.

상자를 사용 목적에 **따라** 정리해 두었어요.

TOPIK 문법 이해하기

'에 따라서'는 앞에 나오는 명사를 '기준으로 한다'는 의미가 있습니다.
그 명사를 기준으로 하거나 근거로 할 때 사용합니다.

TOPIK 주의하기

1. '[명사]에 따라 [명사]이/가 다르다'의 형태로도 TOPIK 시험에 자주 나왔습니다. 마찬가지로
   그 기준으로 생각하면 결과가 달라진다는 의미가 있습니다.

   예 마이클 씨는 **날씨에 따라** 기분이 달라져요.
   이 물건은 **지역에 따라** 가격이 다르다.

2. [동사]와 [형용사]는 사용할 수 없습니다.
   다만 [동사]나 [형용사]는 '-느냐에 따라' 형태로 말할 수 있습니다.
   마찬가지로 앞의 것에 따라서 뒤가 달라질 때 사용하는데 앞의 조건이 결과에서 가장 중요
   한 것입니다.

   예 얼마나 열심히 **공부하느냐에 따라** 합격 여부가 달라지겠지요.
   여행의 즐거움은 누구와 **가느냐에 따라** 달라져요.

이때는 보통 '어떻게, 얼마나, 누구, 언제, 어디' 등과 같이 씁니다.

예 얼마나 **먹느냐에 따라** 가격이 달라져요.

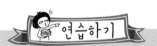 연습하기

다음 표현을 순서대로 활용하여 문장을 완성하십시오.

1. 집값 / 지역 / 다르다

_____

2. 이사 비용 / 짐의 양 / 차이가 나다

_____

3. 죄 / 짓다 / 법 / 처벌하다

_____

기타

[동사] -는 둥 마는 둥

윤서 씨는 입맛이 없는지 밥을 **먹는 둥 마는 둥** 한다.

윤서는 공부를 **하는 둥 마는 둥** 해서 엄마에게 혼났다.

아무리 이야기해도 마이클 씨는 내 이야기를 **듣는 둥 마는 둥** 했다.

내가 열심히 준비한 서류를 부장님이 **보는 둥 마는 둥** 해서 정말 속상했다.

TOPIK 문법 이해하기

'-는 둥 마는 둥'은 앞의 행동을 제대로 하는 것도 아니고, 안 하는 것도 아닐 때 쓰는 말입니다.

'그렇게 하는 것 같기도 하고, 그렇지 않은 것 같기도 하다'는 의미입니다.

예 밥을 **먹는 둥 마는 둥** 해요.

≫ 밥을 먹는 것 같기도 하고 안 먹는 것 같기도 합니다. 제대로 먹지 않습니다.

TOPIK 주의하기

1. [동사]와 함께 사용합니다. 과거의 일은 '-는 둥 마는 둥 했다'처럼 표현하면 됩니다.

예 어제 윤서는 공부를 **하는 둥 마는 둥** 했다.
윤서는 오늘도 숙제를 **하는 둥 마는 둥** 한다.

2. '-는 둥 마는 둥 하다'로 쓸 수도 있고 '하다'를 쓰지 않고 말할 수도 있습니다.

예 밥을 **먹는 둥 마는 둥** 숟가락을 내려놓았다.

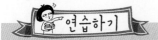

다음 표현을 순서대로 활용하여 문장을 완성하십시오.

1. 윤서 씨 / 피곤하다 / 내 말을 듣다

_____

2. 내 동생 / 숙제를 하다 / 밖으로 나가다

_____

3. 머리가 아프다 / 책을 읽다

_____

05

기타

[동사] – 아/어/여다(가)

편의점에서 주스 좀 **사다가** 주세요.

이 책을 마이클 씨에게 **가져다가** 줄래요?

심심하면 도서관에서 만화책이라도 **빌려다가** 볼까요?

할머니께서 제주도에 가신다고 하니까 공항까지 **모셔다가** 드리세요.

TOPIK 문법 이해하기

'–아/어다가'는 어떤 일을 한 후에 그 결과로 생긴 물건을 가지고 다른 장소에 가서 '–아/어다가' 이후의 일을 할 때 사용합니다.

TOPIK 주의하기

1. '–아/어다가' 앞에는 [동사]만 쓰는데 '–아/어다가'에서 '가'는 말하지 않을 수도 있습니다.
   예 윤서야, 동생 좀 유치원에 **데려다(가)** 줄래?
   　고기를 **잡아다가** 요리했어요.

2. '–아/어다가' 앞에 오는 동사는 보통 목적어가 필요한 동사만 씁니다.
   '–아/어다가' 앞과 뒤에는 같은 목적어가 나와야 합니다. 그 목적어는 사람일 수도 있습니다.
   예 은행에서 돈을 **찾아다(가)** 주었다.
   　김밥을 **사다가** 먹었어요.

3. '–아/어다가' 앞과 뒤의 장소가 달라집니다.
   예 도서관에서 책을 **빌려다가** 집에서 읽었어요.

4. '–아/어다가'는 무언가를 가지고 다른 곳에 가서 행동한다는 의미가 있기 때문에 '만들어다가 가져오다'와 같은 표현을 함께 사용하지 않습니다.

> 예 김밥을 **만들어다가** 가져 올게요. (×)
> 김밥을 **만들어다가** 줄게요. (○)

5. 이미 이동의 의미가 있으니까 '–아/어다가' 앞과 뒤에는 '가다, 오다'를 쓸 수 없습니다.

> 예 사과를 **사다가** 오세요. (×)

6. '–아/어다가' 와 '–다가'는 전혀 다른 의미의 표현이니까 혼동하지 마세요!

> 예 도서관에서 책을 **빌려다가** 읽었어요. ('–아/어다가')
> 학교에 **가다가** 친구를 만났어요. ('–다가')
>
> 편의점에서 주스를 **사다가** 마셨어요. ('–아/어다가')
> 편의점에서 주스를 **사다가** 마이클 씨를 봤어요. ('–다가')

연습하기

다음 표현을 순서대로 활용하여 문장을 완성하십시오.

1. 친구가 김밥을 만들다 / 나에게 주다

   _____

2. 냉장고에서 주스를 꺼내다 / 마시다

   _____

3. 마트에서 과일을 사다 / 주다

   _____

기타

[동사] - (으)ㄹ 수밖에 없다

지하철이 끊겨서 택시를 탈 수밖에 없었어요.

영화가 매진되었으니까 다음에 볼 수밖에 없네요.

수업이 아직 안 끝났으니까 여기서 기다릴 수밖에 없겠네요.

그곳에 가고 싶지 않지만 사장님이 가라고 하니까 갈 수밖에 없어요.

TOPIK 문법 이해하기

'-(으)ㄹ 수밖에 없다'는 그것 이외에 다른 선택할 것이 없고 그 방법 밖에 없다는 뜻입니다. 다른 방법이나 가능성이 없으니까 그 방법을 강조하는 느낌이 있습니다.

TOPIK 주의하기

1. '-(으)ㄹ 수밖에 없다'는 [형용사]와 사용할 수 있지만 [동사]와 더 많이 사용합니다.

   예 마이클 씨는 평일에 바쁘다고 하니까 주말에 **만날 수밖에 없네요.**
   세일 기간에는 백화점에 사람이 **많을 수밖에 없다.**

2. 과거의 상황을 말하고 싶으면 '-(으)ㄹ 수밖에 없다'에서 '없다'를 과거로 바꾸세요.

   예 어제 화장실에 휴지가 없어서 다른 사람이 올 때까지 **기다릴 수밖에 없었어.**
   　　　　　　　　　　　　　　　　　　　　　기다렸을 수밖에 없어요. (×)

3. 꼭 해야 하는 일이나 일반적으로 하는 일에 이 표현을 사용하면 이상할 때가 있습니다.

   예 우리는 환경 보호를 해야 할 수밖에 없어요. (?)

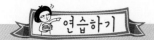 연습하기

다음 표현을 순서대로 활용하여 문장을 완성하십시오.

1. 컴퓨터 / 고장 나다 / pc방 / 가다

_____

2. 마이클 / 휴대 전화 / 없다 / 그냥 / 기다리다

_____

3. 화 / 나다 / 참다

_____

Topik 확인학습(5)

✱ [1~5] 다음 (   ) 안에 알맞은 것을 고르십시오.

01

> 가 : 햄버거를 먹고 싶지 않은데 지금 문을 연 곳이 여기 밖에 없어요.
> 나 : 그럼 햄버거를 (   )

① 먹더라고요   ② 먹을지도 몰라요.

③ 먹어 버려요.   ④ 먹을 수밖에 없네요.

02

> 가 : 다음 주에 친구들과 부산에 가려고요. 그런데 아직 어디에서 잘지 모르겠어요.
> 나 : 그래요? 요즘 휴가철이라서 사람이 (   ) 미리 방을 예약해 놓으세요.

① 많았더니   ② 많을 텐데

③ 많을 정도로   ④ 많은 데다가

03

> 가 : 윤서야, 집에 오는 길에 은행에서 돈 좀 (   )
> 나 : 네. 그럴게요.

① 찾아다 줄래?   ② 찾기 나름이야.

③ 찾았다면서요?   ④ 찾았어야 했는데.

04

> 가 : 마이클 씨는 한국어를 잘하는 것 같아요.
> 나 : 맞아요. (   ) 잘하는 편이에요.

① 외국 사람이라도   ② 외국 사람은커녕

③ 외국 사람치고는   ④ 외국 사람조차

05

> 가 : 한국어 공부는 어때요?
> 나 : 처음에는 쉬웠는데 (   ) 어려워지는 것 같아요.

① 공부하거든   ② 공부할수록

③ 공부하다가   ④ 공부한 나머지

✱ [6~7] 다음 밑줄 친 부분과 바꾸어 쓸 수 있는 것을 고르십시오.

06

> 가 : 어! 이 사진의 신부는 누구예요? 윤서 씨예요? 윤서 씨가 반지를 안 끼고
> 있어서 <u>결혼한 줄 몰랐어요.</u>
> 나 : 하하, 요즘 손이 자꾸 부어서 반지를 빼 놓았거든요.

① 결혼할 줄 몰랐어요.   ② 결혼할 줄 알았어요.

③ 결혼 안 한 줄 알았어요.   ④ 결혼 안 한 줄 몰랐어요.

07

> 가 : 열심히 <u>공부를 했어야 했는데</u>…… 시험에 떨어졌어요.
> 나 : 힘내세요. 다음번에 잘하면 되잖아요.

① 공부하는 한   ② 공부할 뿐만 아니라

③ 공부할 걸 그랬어요.   ④ 공부하지 그랬어요?

✱ [8~10] 빈칸에 가장 알맞은 것을 고르십시오.

08

> 가 : 요즘 윤서 씨 표정이 계속 안 좋던데. 무슨 일 있는지 알아요?
> 나 : 그렇지 않아도 _____

① 물어보나 마나 소용없을 거예요.

② 물어볼 뿐만 아니라 만나기도 했는데요.

③ 물어봤어야 했는데 물어보지 않아서 그래요.

④ 제가 무슨 일이 있느냐고 물어봤는데 아무 일도 없는 척하던데요.

09

가 : 어제 왜 아무 연락도 없이 약속 장소에 오지 않았어요?

나 : 미안해요. _____

① 연락도 하기 나름이에요.

② 어제 갑자기 일이 생긴 모양이에요.

③ 연락도 못 할 지경으로 휴대 전화가 고장 났네요.

④ 지갑을 잃어버렸는데 휴대 전화마저 고장 나 버려서 연락을 못했어요.

10

가 : 마이클 씨, 무슨 고민 있어요? _____

나 : 몸이 안 좋아서 그런지 입맛이 없어서 그래요.

① 밥을 먹을 듯하네요.

② 밥을 먹은 척했어요.

③ 밥을 먹을 수밖에 없어요.

④ 밥도 먹는 둥 마는 둥 하고요.

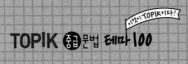

문제 정답 찾기

· · · · · · · · · · · · · · ·

문제 정답 찾기

001 연습하기 -

1. X : 바쁘다고 했어요   2. O   3. O   4. X : 빌려 달라고 했어요

002 연습하기 -

1. X : 힘들대요   2. O   3. X : 가수래요   4. X : 어떠내요

003 연습하기 -

1. 마이클 씨는 요즘 수업 시간에 자주 졸곤 해요.
2. 어렸을 때 어머니께서 그 노래를 불러 주시곤 했어요.
3. 고향 음식을 먹으면 어머니가 생각나곤 해요.

004 연습하기 -

1. 잘생기기는요.   2. 많기는요.   3. 귀엽기는요.

005 연습하기 -

1. 고향에 돌아간 지 석 달이 되도록 연락이 없어요(없었어요).
2. 한국 사람처럼 말할 수 있도록 열심히 공부할 거예요(공부했어요, 공부하세요).
3. 학교에 늦지 않도록 서두르세요(서둘렀어요, 서두를 거예요).

006 연습하기 -

1. 인사동에 가 봤는데 좋던데요.   2. 윤서 씨 동생을 만났는데 예쁘던데요.
3. 백화점은 보통 월요일에 문을 안 열던데요.

007 연습하기 -

1. 마이클 씨가 하는 대로 따라했어요. (따라하세요, 따라할 거예요)
2. 여행에서 돌아오는 대로 전화할게요.
3. 아침에 일어난 사고를 본 대로 말해 주세요.

008 연습하기 -

1. 사무실 전화번호를 알려 줄 테니까 사무실로 전화하세요.
2. 내일은 시험이 있을 테니까 오늘 미리 준비하세요.
3. 주말에는 사람이 많을 테니까 표를 예매하세요.

009 연습하기

1. 백화점에 갔더니 세일을 하고 있었어요. 2. 아침에 일찍 갔더니 아무도 없었어요.

3. 늦게까지 일을 했더니 아침에 일어나기 힘들어요.

010 연습하기

1. 신발을 사러 가느라고 친구의 생일 파티를 못 갔어요.

2. 친구가 이사하는 것을 돕느라고 전화를 못 받았어요.

3. 주말에 밀린 빨래를 하느라고 힘들었어요.

011 연습하기

1. 작년에는 비가 많이 오더니 올해는 별로 안 와요.

2. 윤서 씨는 어릴 때부터 춤추는 것을 좋아하더니 가수가 되었네요.

3. 마이클 씨는 매일 아이스크림을 먹더니 뚱뚱해졌어요.

012 연습하기

1. 이 과자가 맛있기에(맛있길래) 친구에게 주려고 사 왔다(사 왔어요).

2. 이 책이 재미있기에(재미있길래) 친구에게 추천했다(추천했어요).

3. 윤서 씨가 고향에 간다고 하기에(하길래) 올 때 선물을 사 오라고 했다(했어요).

013 연습하기

1. 어제 내린 눈으로 인해서 길이 막힌다고 합니다.

2. 환경오염으로 인해서 여러 가지 문제가 생겼다.

3. 작은 오해로 인해서 두 사람은 사이가 멀어졌다.

014 연습하기

1. 집값이 비싸거든요.

2. 마이클 씨는 예전에 가수였거든요.

3. 백화점에 가요. 세일하거든요.

015 연습하기

1. 버스가 갑자기 출발하는 바람에 버스 안에서 넘어졌어요.

2. 친구랑 놀다가 넘어지는 바람에 다리를 다쳤어요.

3. 갑자기 비가 오는 바람에 비를 맞아서 옷이 젖었어요.

016 연습하기

1. 마이클 씨는 예전에 가수였잖아요.
2. 지하철은 빠르잖아요.
3. 그 가게 옷이 비싸다고 말했잖아요.

017 연습하기

1. 합격 소식에 너무 기쁜 나머지 울었어요.
2. 사장님 앞이라서 너무 긴장한 나머지 실수를 계속했어요.
3. 긴 유학 생활이 너무 힘든 나머지 눈물이 났어요.

018 연습하기

1. 선배가 도와준 덕분에 잃어버린(잃어버렸던) 지갑을 찾았어요.
2. 많은 분들이 신경 써 주신 덕분에 행사가 잘 끝났어요.
3. 친구가 알려 준 덕분에 좋은 집을 구했어요.

019 연습하기

1. 담배를 많이 피우는 탓에 건강이 나빠졌어요.
2. 내성적인 성격 탓에 새로운 일에 적응하기 힘들어요.
3. 한국어 실력이 부족한 탓에 취직하기 어려워요.

20 연습하기

1. 요즘 잠을 잘 못 자서 그런지 너무 피곤해요.
2. 날씨가 안 좋아서 그런지 우울해요.
3. 그 책에는 어려운 내용이 많아서 그런지 이해하기 힘들어요.

21 연습하기

1. 사과가 싸 가지고 많이 샀어요.
2. 공부를 못 해 가지고 시험을 잘 못 봤어요.
3. 전화번호를 몰라 가지고 미리 연락을 못했어요.

Topik 확인학습(1)

1. ② 2. ③ 3. ② 4. ③ 5. ④ 6. ① 7. ④ 8. ① 9. ② 10. ④

22 연습하기 --

1. X : 보인다   2. ○   3. ○   4. X : 닫힌다

23 연습하기 --

1. ○   2. ○   3. X : 찢어져서   4. ○

24 연습하기 --

1. 대학교에 떨어졌는데 기분이 좋을 리가 있어요? / 좋을 리가 없어요
2. 열심히 공부했는데 대학교에 합격하지 못했을 리가 있어요? / 못했을 리가 없어요.
3. 그 사람은 착한데 거짓말을 할 리가 있어요? / 할 리가 없어요.

25 연습하기 --

1. 일찍 출발했더라면 비행기를 탈 수 있었을 거예요.
2. 공지 사항을 미리 들었더라면 실수하지 않았을 텐데.
3. 마이클 씨가 도와주지 않았더라면 그 일을 끝내지 못했을 거예요.

26 연습하기 --

1. 친구하고 이야기하다가 싸울 뻔했어요.
2. 어릴 때 교통사고가 나서 죽을 뻔했어요.
3. 놀이공원에 갔는데 아이를 잃어버릴 뻔했어요.

27 연습하기 --

1. 우정이야말로 인생에서 중요한 것이에요.
2. 가을이야말로 여행하기 좋은 계절이에요.
3. 마이클 씨야말로 미국을 대표하는 가수예요.

28 연습하기 --

1. 시험에 떨어질까 봐(서) 걱정이에요.
2. 중요한 전화를 못 받을까 봐(서) 휴대 전화를 언제나 가지고 다녀요.
3. 어제 일 때문에 여자 친구가 화가 났을까 봐(서) 집으로 찾아갔어요.

29 연습하기

1. 3살 때 이 집으로 이사 왔으니까 거의 10년을 산 셈이다.
2. 마이클만 안 오고 다 왔으니까 거의 다 모인 셈이다.
3. 수영하러 일주일에 5번 가니까 거의 매일 가는 셈이다.

30 연습하기

1. 마이클 씨를 자주 만나다 보니까 정이 들었어요.
2. 공부를 계속 하다 보니까 흥미가 생겼어요.
3. 한국 친구를 자주 만나다 보니까 말하기에 자신감이 생겼어요.

31 연습하기

1. 제주도에 가 보니까 정말 좋았어요.
2. 한국에서 혼자 살아 보니까 힘들어요.
3. 마이클 씨 집에 전화해 보니까 집에 없었어요.

32 연습하기

1. 지금 밥을 먹으려던 참인데 같이 먹읍시다. / 먹어요.
2. 안 그래도 출발하려던 참이에요.
3. 그렇지 않아도 우체국에 가려던 참이니까 제가 부쳐 드릴게요.

33 연습하기

1. 아르바이트가 너무 힘들어서 그만둘까 해요.
2. 오늘 날씨가 좋아서 집까지 걸어갈까 해요.
3. 주말에 영화 볼까 하는데 같이 갈래요?

34 연습하기

1. 하던 일을 다 끝내야 해요.
2. 그 노래는 어머니께서 자주 부르시던 노래예요.
3. 여기는 고등학교 때 자주 오던 곳이에요.

35 연습하기

1. 지난번에 봤던 영화가 좋아서 다시 보고 싶어요.
2. 아까 했던 이야기는 마이클 씨에 대한 이야기였어요.
3. 지난번에 샀던 옷을 바꾸러 왔어요.

36 연습하기

1. 나가는 김에(나간 김에) 음료수 좀 사 오세요.
2. 오랜만에 외출했는데 나온 김에 영화라도 보고 가요.
3. 김밥을 만드는 김에 친구의 것도 만들었어요.

37 연습하기

1. 아이는 부모를 닮게(닮기) 마련이에요.
2. 세월이 가면 모든 것이 변하게(변하기) 마련이에요.
3. 친하지 않은 사람도 자주 만나면 가까워지게(가까워지기) 마련이에요.

38 연습하기

1. 재미있는 이야기도 매일 들으면 재미가 없는 법이에요.
2. 아프면 집 생각이 나는 법이에요.
3. 모든 일에는 때가 있는 법이에요.

39 연습하기

1. 형은 키가 작은 반면에 동생은 키가 크다.
2. 그 영화배우는 얼굴은 예쁜 반면에 연기는 못한다.
3. 우리 회사는 월급은 적은 반면에 일이 많아서 힘들어요.

40 연습하기

1. 도시의 인구는 증가한 데 반해 시골의 인구는 감소했다.
2. 옛날 사람들은 편지를 자주 보낸 데 반해 요즘 사람들은 이메일을 자주 보내요.
3. 지하철은 이용하기 편리한 데 반해 사람이 많아서 복잡해요.

41 연습하기

1. 한국에 오래 살았는데도 한국 친구가 별로 없어요.
2. 마이클 씨는 공부를 많이 하지 않는데도 시험을 잘 봐요.
3. 커피를 마셨는데도 졸려요.

Topik 확인학습(2)

1. ②   2. ④   3. ①   4. ④   5. ①   6. ②   7. ②   8. ①   9. ③   10. ④

42 연습하기 -

1. ○ 2. X : 감겨 주었다   3. ○ 4. X : 깨운다

43 연습하기 -

1. ○ 2. ○ 3. ○

44 연습하기 -

1. 태권도를 배우고자 학원에 등록했어요.
2. 전통문화를 알리고자 사진전을 기획했어요.
3. 글쓰기의 중요성을 가르치고자 이 강좌를 열었어요.

45 연습하기 -

1. 쇼핑도 하고 친구도 만날 겸 명동에 갔어요.
2. 책도 읽을 겸 공부도 할 겸 도서관에 간다.
3. 용돈도 벌 겸 경험도 쌓을 겸해서 그 일을 시작했어요.

46 연습하기 -

1. 도서관에서 책을 빌리려면 학생증이 있어야 해요.
2. 약속 시간에 늦지 않으려면 서둘러야 해요.
3. 그 집에서 살려면 많은 돈이 필요해요.

47 연습하기 -

1. 윤서 씨는 나이에 비해서 젊어 보여요.
2. 이 제품은 값에 비해서 질이 좋지 않아요.
3. 마이클 씨는 작년에 비해서 살이 쪘어요.

48 연습하기 -

1. 날씨가 더워서 에어컨을 켜 놓았다. / 날씨가 더우니까 에어컨을 켜 놓으세요.
2. 냄새가 나서 창문을 열어 놓았다. / 냄새가 나는데 창문을 열어 놓을까요?
3. 마이클 씨 생일이라서 선물을 미리 준비해 놓았어요.

49 연습하기 -

1. 아침을 못 먹은 채로 공부하니까 배가 고프다.

2. 마이클 씨는 늦어서 씻지 않은 채로 출근했다.

3. 마이클 씨는 피곤해서 옷을 입은 채로 잠을 잤다.

50 연습하기 --

1. 방학 동안 앞으로 배울 문법을 공부해 두었다.

2. 친구에게 줄 음식을 미리 만들어 두었다.

3. 여름에 갈 여행 계획을 미리 세워 두었다.

51 연습하기 --

1. 마이클 씨는 이 회사에서 30년 동안 일해 왔어요.

2. 경제가 점점 회복되어 가고 있다.

3. 날이 밝아 오니까 집에 갈 준비를 합시다.

52 연습하기 --

1. 책상 위에 신문이 놓여 있다.

2. 문이 잠겨 있어서 들어갈 수 없다.

3. 칠판에 내 이름이 쓰여 있다.

53 연습하기 --

1. 아플 때는 병원에 가든지 약을 먹든지 하세요.

2. 심심할 때는 영화를 보든지 책을 읽든지 하세요.

3. 아들이든지 딸이든지 둘 다 좋아요.

54 연습하기 --

1. 문제가 생겼을 때는 대화를 통해서 해결해야 해요. / 한다.

2. 친구를 통해서 그 가수에 대해 알게 되었어요. / 되었다.

3. 이번 일을 통해서 가족의 소중함을 느끼게 되었어요. / 되었다.

55 연습하기 --

1. 책을 읽다가 잠이 들었어요.

2. 청소를 하다가 어릴 때 가지고 놀던 장난감을 찾았어요.

3. 명동에 가다가 선생님을 만났어요.

56 연습하기 ---

1. 피곤해서 집에 가자마자 침대에 누웠다.
2. 졸업하자마자 취직했어요. / 취직할 거예요.
3. 수업이 끝나자마자 무엇을 해요? / 했어요?

57 연습하기 ---

1. 수업 중이니까 전화해 보나 마나 윤서 씨는 전화를 받지 않을 거예요.
2. 윤서 씨는 어제 새벽까지 일했으니까 보나 마나 지금도 자고 있을 거예요.
3. 이 책의 제목을 보니까 읽어 보나 마나 재미없을 것 같아요.

58 연습하기 ---

1. 고향에 돌아가더라도 연락하세요.
2. 마이클 씨를 만나더라도 이야기하지 않을 거예요.
3. 날씨가 덥더라도 학교에 가야 해요.

59 연습하기 ---

1. 밤을 새워 봤자 그 일을 끝낼 수 없을 거예요.
2. 설명해 봤자 이해할 수 없을 거예요.
3. 열심히 준비해 봤자 소용없을 거예요.

60 연습하기 ---

1. 지금 헤어져도 자주 연락해요.
2. 늦어도 7시까지 오면 비행기를 탈 수 있다.
3. 시계가 (아무리) 비싸도 사고 싶어요.

61 연습하기 ---

1. 그 이야기는 영화에서 나오는 이야기일 뿐이다.
2. 마이클 씨에게 언제 결혼하는지 물었지만 웃을 뿐이다.
3. 도와주셔서 감사할 뿐이에요.

Topik 확인학습(3) ---

1. ②   2. ④   3. ③   4. ③   5. ④   6. ④   7. ①   8. ③   9. ②   10. ②

62 연습하기 -

1. 일찍 일어나려고 했지만 너무 피곤해서 늦잠을 자고 말았어요.
2. 열심히 준비했지만 긴장해서 발표를 망치고 말았어요.
3. 열심히 노력했지만 나의 실수로 인해 우리 팀이 지고 말았어요.

63 연습하기 -

1. 남자 친구가 헤어지자고 말해서 울어 버렸어요.
2. 이번 학기가 끝나 버려서 섭섭해요.
3. 남자 친구와 통화하다가 화가 나서 전화를 끊어 버렸어요.

64 연습하기 -

1. 한 연구 결과에 의하면 귀여운 그림을 보면 집중력이 높아진다고 합니다.
2. 소문에 의하면 마이클 씨는 고향에 돌아갔다고 해요.
3. 경찰의 발표에 의하면 이번 사고의 원인은 태풍이라고 합니다.

65 연습하기 -

1. 원피스를 입었다가 마음에 안 들어서 벗었어요.
2. 명동에 쇼핑하러 갔다가 친구를 만났어요.
3. 학교에 갔다가 배가 아파서 다시 집에 왔어요.

66 연습하기 -

1. 아프지만 약을 먹어서 지금 참을 만해요.
2. 그 책은 어렵지만 읽을 만해요.
3. 이번에 시작한 아르바이트는 할 만해요.

67 연습하기 -

1. 앞이 안 보일 정도로 비가 많이 오네요.
2. 영화가 재미있어서 배가 아플 정도로 웃었어요.
3. 학생들이 모두 답을 맞힐 정도로 시험 문제가 쉬웠어요.

68 연습하기 -

1. 마이클 씨는 노래를 잘하는 편이에요.

2. 윤서 씨는 날씬해서 무슨 옷이나 잘 어울리는 편이에요.
   윤서 씨는 날씬한 편이어서 무슨 옷이나 잘 어울려요.
3. 학교에서 집이 먼 편이어서 다니기 불편해요.

69 연습하기

1. 약속 시간에 늦어서 거의 뛰다시피 했어요.
2. 수업이 지루해서 거의 자다시피 했어요.
3. 윤서 씨는 다이어트를 해서 매일 굶다시피 해요.

70 연습하기

1. 친구들의 따뜻한 마음에 눈물이 날 지경이에요.
2. 너무 힘들어서 서 있기 힘들 지경이에요.
3. 쉬지 않고 산에 올라갔더니 힘들어서 죽을 지경이었어요.

71 연습하기

1. 그 일을 계속 하다 보면 흥미가 생길 거예요.
2. 한국 친구와 자주 만나서 이야기하다 보면 말하기에 자신감이 생길 거예요.
3. 담배를 많이 피우다 보면 건강이 나빠질 거예요.

72 연습하기

1. 이렇게 술을 마시다가는 건강이 나빠질 거예요.
2. 그렇게 책을 가까이에서 보다가는 눈이 나빠질 거예요.
3. 이렇게 돈을 많이 쓰다가는 용돈이 모자랄 거예요.

73 연습하기

1. 날씨가 좋아야 등산을 갈 수 있어요.
2. 공부를 열심히 해야 시험을 잘 볼 수 있어요.
3. 열심히 노력해야 성공할 수 있어요.

74 연습하기

1. 친구가 사과하지 않는 한 먼저 사과하지 않을 거예요.
2. 운동하지 않는 한 건강을 회복할 수 없을 거예요.
3. 열심히 노력하는 한 사업에 성공할 수 있을 거예요.

75 연습하기 ---

1. 그곳에 가는 길을 알거든 알려주세요.
2. 돈이 부족하거든 전화하세요.
3. 글씨가 안 보이거든 앞으로 나오세요.

76 연습하기 ---

1. 집은 꾸미기 나름이에요.
2. 성공은 노력하기 나름이에요.
3. 아이의 습관은 부모가 가르치기 나름이에요.

77 연습하기 ---

1. 살이 쪄서 고민이면 운동을 하지그래요?
2. 피곤하면 집에 가서 쉬지그래요?
3. 심심하면 산책을 하지그래요?

78 연습하기 ---

1. 생일이라서 선물을 많이 받은 데다가 용돈도 받았어요.
2. 이 식당은 음식의 양이 적은 데다가 맛도 별로예요.
3. 아침을 못 먹은 데다가 계속 서 있어서 힘들어요.

79 연습하기 ---

1. 제 동생은 공부를 잘할 뿐만 아니라 운동도 잘해요.
2. 윤서는 얼굴이 예쁠 뿐만 아니라 성격도 좋아요.
3. 어제 늦게 일어났을 뿐만 아니라 길이 막혀서 학교에 늦었어요.

80 연습하기 ---

1. 공부를 계속 하니까 흥미가 생기더라고요.
2. 한국 친구를 자주 만나서 이야기하니까 말하기에 자신감이 생기더라고요.
3. 마이클 씨가 들어오자마자(들어오더니/들어왔다가) 다시 나가더라고요.

Topik 확인학습(4) ---

1. ②   2. ①   3. ③   4. ④   5. ①   6. ②   7. ③   8. ②   9. ④   10. ④

81 연습하기 ---

1. 표가 매진되었는데 미리 예매할걸 그랬어요.
2. 머리가 너무 아픈데 어제 술을 마시지 말걸 그랬어요.
3. 시험을 잘 못 봤는데 평소에 열심히 공부할걸 그랬어요.

82 연습하기 ---

1. 식당을 미리 예약했어야 했는데…….
2. 선물을 미리 준비했어야 했는데…….
3. 서류를 제출하고 확인했어야 했는데…….

83 연습하기 ---

1. 월요일에 시험이 있다면서요?
2. 전자 제품은 용산이 싸다면서요?
3. 윤서 씨가 대학교에 합격했다면서요?

84 연습하기 ---

1. 윤서 씨가 결혼한 줄 몰랐어요.
2. 마이클 씨가 한국어를 할 수 있는 줄 몰랐어요.
3. 윤서 씨가 결혼할 줄 몰랐어요.

85 연습하기 ---

1. 방이 클 줄 알았어요.
2. 마이클 씨가 한국어를 할 수 있는 줄 알았어요.
3. 윤서 씨가 그 책을 다 읽은 줄 알았어요.

86 연습하기 ---

1. 아침을 못 먹었지만 밥을 먹은 척했어요.
2. 내가 불렀는데 마이클 씨는 못 들은 척했어요.
3. 마이클 씨는 아프지만 괜찮은 척했어요.

87 연습하기 ---

1. 시험이 어려울 텐데 열심히 공부하세요.
2. 밥을 못 먹었을 텐데 같이 밥을 먹어요/먹읍시다.
3. 비가 올 텐데 우산을 챙기세요.

88 연습하기

1. 방이 깨끗해진 걸 보니까 마이클 씨가 청소를 한 모양이에요.
2. 윤서 씨가 일찍부터 자는 걸 보니까 피곤한 모양이에요.
3. 마이클 씨가 전화를 받지 않는 걸 보니까 집에 없는 모양이에요.

89 연습하기

1. 비가 올지도 모르니까 우산을 챙기세요.
2. 표가 매진될지도 몰라서 미리 예매했어요.
3. 여행을 갈 때는 아플지도 모르니까 약을 준비하세요.

90 연습하기

1. 모자가 작은 듯한데 좀 더 큰 것을 사지그래요?
2. 이야기를 들어 보니까 윤서 씨는 그 책을 읽은 듯해요.
3. 약속 시간에 늦은 듯해서 택시를 탔어요.

91 연습하기

1. 어린아이치고 장난감을 싫어하는 아이는 없다.
2. 마이클 씨는 외국인치고는 한국어를 잘하는 편이다.
3. 내 동생은 중학생치고는 키가 작은 편이다.

92 연습하기

1. 미리 알았으면 전화라도 걸었을 거예요.
2. 에어컨이 고장 났으니까 선풍기라도 켜세요.
3. 친구들이 모두 바쁘다고 해서 혼자라도 여행을 가려고 해요.

93 연습하기

1. 남아 있던 한 그루의 나무마저 베었다.
2. 휴대 전화가 고장 났는데 집 전화마저 고장 났다.
3. 지하철 막차가 끊겼는데 택시마저 안 온다.

94 연습하기

1. 여행은커녕 쉴 시간도 없어요.
2. 결혼은커녕 연애도 못 해 봤어요.
3. 윤서 씨는 그 일을 고마워하기는커녕 오히려 모르는 척했어요.

95 연습하기 --

1. 내가 1등을 하는 것은 생각조차 못했다.
2. 어제 생일이었는데 어머니조차 내 생일을 잊어버리셨다.
3. 요즘 바빠서 밥 먹을 시간조차 없다.

96 연습하기 --

1. 나이가 들수록 건강을 조심해야 한다.
2. 이 책은 읽을수록 감동을 준다.
3. 산에 올라갈수록 기온이 떨어진다.

97 연습하기 --

1. 집값은 지역에 따라 다르다.
2. 이사 비용은 짐의 양에 따라 차이가 난다.
3. 죄를 지으면 법에 따라 처벌해야 한다.

98 연습하기 --

1. 윤서 씨는 피곤해서 그런지 내 말을 듣는 둥 마는 둥 했다.
2. 내 동생은 숙제를 하는 둥 마는 둥 하고 밖으로 나갔다.
3. 머리가 아파서 책을 읽는 둥 마는 둥 했다.

99 연습하기 --

1. 친구가 김밥을 만들어다 나에게 주었다.
2. 냉장고에서 주스를 꺼내다가 마셨다.
3. 마트에서 과일을 사다가 주었다.

100 연습하기 --

1. 컴퓨터가 고장 나서 pc방에 갈 수밖에 없어요.
2. 마이클 씨에게는 휴대 전화가 없으니까 그냥 기다릴 수밖에 없네요.
3. 화가 나지만 참을 수밖에 없네요.

Topik 확인학습(5) --

  1. ④   2. ②   3. ①   4. ③   5. ②   6. ③   7. ③   8. ④   9. ④   10. ④